英語で授業シリーズ ②

大学生のための
教室英語表現
300

College Students' Guide to Classroom English

中井 俊樹 編

アルク

はじめに

　英語による授業は、アメリカ、イギリス、オーストラリアなどの英語圏の大学でなければ経験できないと考えていませんか。実は、このところ状況が変わりつつあります。日本の多くの大学では、国際化に向けた取り組みとして、英語による授業の開講数と受講者数の増加を目指しています。英語による授業の履修のみで卒業が可能な大学もすでにあります。同様の大学は、英語を主言語としないヨーロッパやアジアにおいても増加しており、英語による授業は世界的な潮流となっています。

　身近なものになった英語による授業は、学生のみなさんにさまざまな貴重な経験をもたらすでしょう。英語による授業ならではの、やりがいやおもしろさも感じられるでしょうし、将来留学を希望する学生にとっては、事前準備の機会となりえます。

　このような機会に恵まれているのですから、英語による授業に対する一抹の不安があるとしたら拭い去って、効果的に活用したいものです。英語による授業を受けるための基礎は、多くの学生にすでに備わっています。大学入学までに英語の学習を何百時間も経験していることが、英語による授業を受ける上での土台となるのです。ただし、「英語を学ぶ」ことと「英語で学ぶ」ことでは、求められる知識やスキルが少し異なります。例えば、「出席をとります」や「板書が読めません」のように、学生が授業で聞いたり話したりする英語には独特な表現があります。こういった授業において用いられる英語は、教室英語（Classroom English）と呼ばれ、旅行英語やビジネス英語のようにひとつのジャンルをつくっています。教室英語に早くから慣れると、授業の中で自然に聞いたり話したりできるようになります。また、英語による授業に対する姿勢をほんの少し変えるだけで、効果的に学ぶこともできます。

　そこで、大学において英語で授業を受けるときに役立つ基本表現やノウハウをまとめたのが本書です。これまでにも留学先の学生生活において使用する英語をまとめた書籍は出版されてきました。しかし、大学における英語による授業そのものを対象とした書籍はほとんどありません。さらに本書は、大学の学習に関する理論や研究成果に基づいて執筆・編集されています。英語による授業に参加する中で、より効果的な学習ができるように、本書の構成および内容は考えられているのです。

執筆にあたり念頭においたのは、英語による授業に初めて臨む学生です。初めの一歩にありがちな不安やつまずきを取り除き、スムーズに学習することができればと願っています。しかし、本書はすでに英語による授業を経験している学生にとっても、これまでの実践を振り返り、より主体的に学習を進めるためのヒントを提供できるものと考えています。

　本書が刊行にいたるまでには、多くの方々からご協力をいただきました。現場にいる学生として、具体的なニーズ、ノウハウやフレーズ、成功や失敗の経験談をご提供いただいたのは、家田真理子さん、大谷信吾さん、春日康子さん、社河内友里さん、菅原春菜さん、杉本耕一さん、中山佳洋さん、野崎百合子さん、平野詩紀子さん（以上、名古屋大学）、荒木雄人さん、加藤慎一さん、川原慧子さん、杉崎佑太さん、鈴木肇さん、肥田陽生さん、細貝征弘さん、三浦亮輔さん、山口大輔さん、吉村優生さん（以上、南山大学）のみなさんです。このうち数名の方からはコラムも提供していただきました。和栗百恵さん（大阪大学グローバルコラボレーションセンター特任助教）には初稿段階で有益なアドバイスを、岡田久樹子さん（名古屋大学高等教育研究センターアシスタントスタッフ）には資料作成のご協力を、それぞれいただきました。さらに、株式会社アルクの飛田豊彦さんおよび堀井千鶴子さんには、2008年12月に刊行した『大学教員のための教室英語表現300』に引き続き、今回の出版も快くお引き受けいただきました。有益なアドバイスを随時いただくとともに、ネイティブチェック、レイアウトデザイン、ＣＤ作成など多岐にわたりお世話になりました。この場をお借りして、みなさまに御礼申し上げます。

　本書がこれから英語による授業に挑戦しようとする学生のみなさんの不安を解消し、効果的な学習ができる一助となることを願っています。

2009年4月

編者　中井俊樹

本書の構成と使い方

第1部「英語による授業で効果的に学ぶには」

第1部では、初めて英語で授業を受ける大学生のために、事前に知っておくとよいポイントを簡潔にまとめています。これまでに英語による授業の経験がある学生も、授業が始まる前の再確認に利用できます。

第2部「授業場面別の秘訣と英語表現」

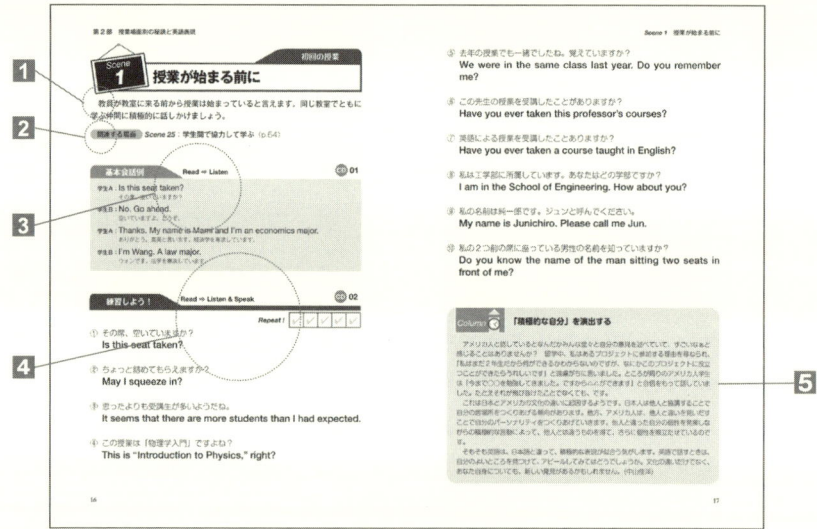

1 各場面で大切なこと、注意すべき点をまず確認しましょう。

2 関連する授業場面のページへのリンクが示されているので、使えるフレーズの幅も広がります。

3 各場面での基本的な会話例です。
   Read➡まず、内容を理解しましょう。**Listen**➡CD の音声を聞いてみましょう。
   できれば、テキストを見ないで、音声のみを聞いてみましょう。

4 各場面で覚えておきたい10のフレーズを厳選しました。
   Repeat! のチェックボックスを使って、繰り返し声に出して練習しましょう。
   Read➡まず、内容を理解しましょう。**Listen & Speak**➡CD にはフレーズの音声が「英語➡ポーズ」の順に収録されています。ポーズのところでまねて言ってみましょう。

5 英語による授業の経験がある教員や学生の秘訣や体験談などをコラムにしました。

- 弊社制作の音声 CD は、CD プレーヤーでの再生を保証する規格です。
- パソコンでご使用になる場合、CD-ROM ドライブとの相性により、ディスクを再生できない場合があります。ご了承ください。
- パソコンでタイトル・トラック情報を表示させたい場合は、iTunes をご利用ください。iTunes では、弊社の CD のタイトル・トラック情報を登録している Gracenote 社の CDDB（データベース）からインターネットを介してトラック情報を取得することができます。
- CD として正常に音声が再生できるディスクからパソコンや mp3 プレーヤー等への取り込み時にトラブルが生じた際は、まず、そのアプリケーション（ソフト）、プレーヤーの製作元へご相談ください。

第3部「英語による授業において役立つ情報」

メールや論文の書き方、プレゼンテーションの方法、授業で使う英単語を紹介しています。

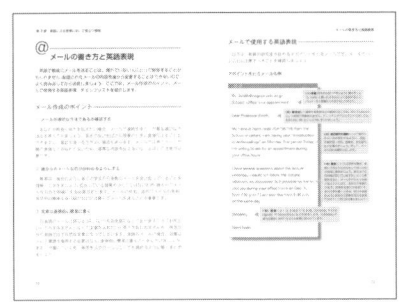

メールの書き方と英語表現

教員に英語でメールを書く際のポイント、15の表現例を紹介。チェックリスト付き

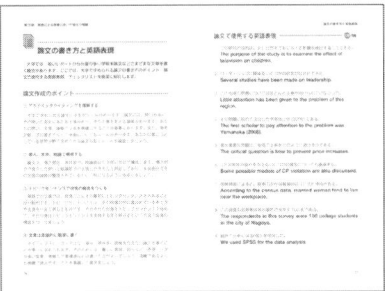

論文の書き方と英語表現

英語で論文を作成する際の書き方のポイント、15の表現例を紹介。チェックリスト付き

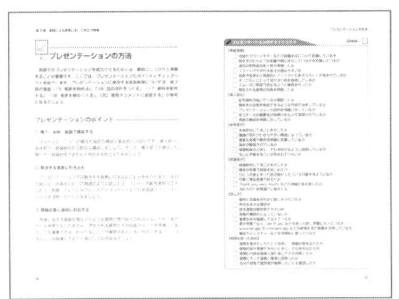

プレゼンテーションの方法

英語でプレゼンテーションする際のポイントを紹介。チェックリスト付き

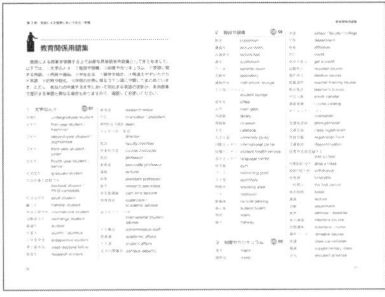

教育関係用語集

授業で使用すると思われる英単語を以下の10分類に分けて紹介

1. 大学の人々
2. 施設や設備
3. 制度やカリキュラム
4. 学習に関する用語
5. 用具や備品
6. 学校生活
7. 留学手続き
8. 間違えやすいカタカナ英語
9. 記号や数式
10. 学問の世界に残るラテン語

目次

はじめに ……………………………………………………………… 2
本書の構成と使い方 ………………………………………………… 4

第1部　英語による授業で効果的に学ぶには ………… 9
1. 完璧な英語にこだわりすぎない ……………………………… 10
2. 授業の全体像を把握する ……………………………………… 11
3. 自分から会話をリードする …………………………………… 11
4. 直接的で簡潔な英語を使う …………………………………… 12
5. コミュニケーションを工夫する ……………………………… 13
6. 学生間で協力して学ぶ ………………………………………… 13
7. スキルを磨く機会を増やす …………………………………… 14

第2部　授業場面別の秘訣と英語表現 ………………… 15

初回の授業
Scene 1　授業が始まる前に ……………………………… 16
Scene 2　授業の方針を確認する ………………………… 18
Scene 3　教室内の英語の方針を確認する ……………… 20
Scene 4　試験や成績評価について質問する …………… 22

日々の授業
Scene 5　問いかけに答える ……………………………… 24
Scene 6　聞き取れないことを伝える …………………… 26
Scene 7　わからないことを伝える ……………………… 28
Scene 8　質問する ………………………………………… 30
Scene 9　自分の意見を述べる …………………………… 32
Scene 10　授業の進め方について提案する ……………… 34
Scene 11　個人的なお願いをする ………………………… 36

参加型の授業
Scene 12　ディスカッションをリードする ……………… 38
Scene 13　グループワークを行う ………………………… 40
Scene 14　実験・実習を進める …………………………… 42

Scene 15	発表を始める	44
Scene 16	話の流れをつくる	46
Scene 17	資料を配布する	48
Scene 18	発表を締めくくる	50
Scene 19	学生の発表にコメントする	52
Scene 20	質問やコメントに返答する	54

さまざまな授業場面

Scene 21	表やグラフに関する表現	56
Scene 22	数式や図形に関する表現	58
Scene 23	英語表現に困ったときに	60
Scene 24	授業時間外に教員を訪ねる	62
Scene 25	学生間で協力して学ぶ	64
Scene 26	成績評価に納得できないときに	66
Scene 27	授業の感想を伝える	68

第3部　英語による授業において役立つ情報 …… 71

- メールの書き方と英語表現 …… 72
- 論文の書き方と英語表現 …… 76
- プレゼンテーションの方法 …… 80
- 教育関係用語集 …… 82
  - 1. 大学の人々
  - 2. 施設や設備
  - 3. 制度やカリキュラム
  - 4. 学習に関する用語
  - 5. 用具や備品
  - 6. 学生生活
  - 7. 留学手続き
  - 8. 間違えやすいカタカナ英語
  - 9. 記号や数式
  - 10. 学問の世界に残るラテン語

参考文献 …… 90

コラム目次

「積極的な自分」を演出する ………………………………………… 17
アメリカ人も戸惑う教師の呼び方 …………………………………… 19
「ソーリー」と言ってもいいけど ……………………………………… 21
インターネットは授業の宝庫 ………………………………………… 25
イヤホン留学 …………………………………………………………… 27
流れをつかめば授業はわかる ………………………………………… 29
「リスニング・キュー」に注目しよう ……………………………… 33
案外なんとかなる ……………………………………………………… 35
地球がキャンパス！……………………………………………………… 37
読む課題が多い授業の趣旨とは？…………………………………… 39
「スキム・リーディング」を習得しよう …………………………… 41
日本語のプレゼンもうまくなる！…………………………………… 45
レポートが真っ赤になった理由 ……………………………………… 47
私の学習意欲を高めるもの …………………………………………… 49
映画で慣れる自然な英語 ……………………………………………… 53
「30秒ルール」という勉強法 ………………………………………… 57
返事がもらえるメール ………………………………………………… 63
キャンパスの国際化に目を向けよう ………………………………… 65
ラテン語から始まった学問 …………………………………………… 69

第1部
英語による授業で効果的に学ぶには

英語による授業で効果的に学ぶには、どのような知識や能力が必要でしょうか。英語の運用能力がそのひとつと言えるでしょう。使える英語表現が増えれば、授業において発言しやすくなるに違いありません。一方、英語による授業に慣れた学生に聞き取り調査を行ったところ、英語力がすべてではないという答えが多く返ってきました。英語による授業に対する姿勢を少し変えるだけで、効果的に学ぶことができるのです。調査対象の学生の経験談やノウハウは、次の7つのポイントにまとめられます。

1 完璧な英語にこだわりすぎない
2 授業の全体像を把握する
3 自分から会話をリードする
4 直接的で簡潔な英語を使う
5 コミュニケーションを工夫する
6 学生間で協力して学ぶ
7 スキルを磨く機会を増やす

1 完璧な英語にこだわりすぎない

　「ワールド・イングリッシズ」（World Englishes）という言葉を聞いたことがありませんか。英語は国際的に利用されている言語のひとつですが、母語として使用する人数より非母語として使用する人数の方が多いと言われています。つまり、ワールド・イングリッシズという言葉には、英語が世界で使われる言語であるという意味と、話す人の属性や環境によってさまざまな「方言」をもつ言語であるという意味が含まれています。

　このような英語の利用の現状から、そもそも完璧なただひとつの英語の形は

もはや存在しないことがわかります。ある特定のネイティブスピーカーが使用する英語と同じようでなければならないと強迫観念をもつ必要はないし、自分が使う英語に気後れなどしなくてよいのです。むしろ、強迫観念や気後れによって英語を話す声が小さくなり、そのために十分に内容を伝えられないといったことになりかねません。自分の英語が、世界の多様な英語の中のひとつの形であり、個性の表れだと前向きにとらえてみましょう。

2　授業の全体像を把握する

　日本語の授業においても、教員の話したことをすべて記憶に残しておくことはできないでしょう。無意識かもしれませんが、話されている内容が授業全体の中でどのような意味があり、その中で重要なポイントは何かと考えながら学生は授業を受けているものです。

　英語による授業では、英語を聞き取らなければと頑張るあまり、集中力が続かなくなりがちです。そこで、意識的に授業の全体像（big picture）を把握することが重要になります。授業のシラバスなどから、授業全体の学習目標が何であるか、そして毎回の授業の内容がどのような位置づけになるのかをしっかりと理解する必要があります。授業全体の流れと構造を意識すると、現在行っている学習の意味や重要性を把握し、必要な情報を的確に選択できるようになります。

3　自分から会話をリードする

　自分から会話をリードするのは難しいと思う人もいるでしょう。しかし実際は、受け身で相手に応じるよりも、自分から話を切り出す方が容易なことが多いのです。例えば、教員からの質問を聞き取り、答えを探して英語で表現する

ことよりも、教員に質問したい内容を英語で表現する方がプロセスとしては単純です。わからないことを伝えるのもそのひとつの形です。また、ディスカッションでも、議論の終盤になればそれまでの内容を踏まえて意見を述べなくてはなりませんが、早い段階であれば率直な意見をそのまま述べることができます。

　大学の授業では積極的に学ぶ姿勢が求められています。英語による授業なのに、毎回何も発言しないで授業を終えるとしたら、それは貴重な体験を逃してしまうことになります。英語に自信がないと感じたときこそ、自分から会話をリードすることを心がけてください。少しの勇気によって、英語による授業をより楽しく、また有意義なものに変えられるのです。

4　直接的で簡潔な英語を使う

　英語を母語としない人が英語で表現するときに最も重要なことは、聞き手や読み手に誤解を与えないことです。英語を使う際には、まずは直接的で簡潔な文章を選びましょう。難しい表現、回りくどい表現、丁寧すぎる表現、複雑な文章構造などは、授業という場にあまりふさわしくないのです。教室には、英語を母語とする学生も母語としない学生も、英語が得意な学生も苦手な学生もいます。多様な学生への配慮としても、直接的で簡潔な文章を選んで使いましょう。

　忘れないために、「キスの原則」(KISS Principle) という表現を使う人もいます。これは、"Keep It Short & Simple"、つまり「短く簡潔にしよう」ということです。教室内の会話や電子メールなどでは「キスの原則」を心がけ、あなたの周りにこの原則をうまく使っている学生がいたら、その方法を参考にしてみましょう。

5　コミュニケーションを工夫する

　日本語の場合でも、口頭のみでは意図したことが伝わらないという経験はありませんか。英語で伝える場合には、なおさらその点に注意する必要があります。そのため、コミュニケーションの手段を意識的に増やしてみましょう。

　まずは、利用できる道具や設備をうまく使いましょう。具体的には、黒板、ハンドアウト、プレゼンテーションソフトなどの助けを借りることができます。多くの人が、パワーポイントは英語でのコミュニケーションを補完する強力な味方だと述べています。

　道具や設備を使わずに、あなたのメッセージを補完することもできます。「目は口ほどにものを言う」と言われるように、自分の表情や動作を最大限に活用することです。それらは非言語コミュニケーションと呼ばれています。笑顔、アイコンタクト、ボディランゲージなどを積極的に活用してみましょう。

6　学生間で協力して学ぶ

　初めての英語による授業の場合、最も参考になるのが周りのクラスメイトの学び方かもしれません。自分の席から観察するだけでも、質問のタイミング、発言の仕方、発表の方法など、学べることはさまざまです。さらに、クラスメイトとより積極的に交流をもつことができれば、ノートの取り方、レポートの書き方、試験への準備の方法などをお互いに学び合うこともできます。それぞれの学習方法や考え方の違いを知り、互いに補い合うことを通じて、授業内容をより深く理解することもできるでしょう。

　クラスメイトと積極的に交流することは、はじめは照れや戸惑いを伴うかもしれません。しかし、一度交流が進めば、授業に参加することがより楽しくなるでしょう。

7 スキルを磨く機会を増やす

　英語による授業を受けるスキルは、自転車に乗るスキルや楽器を演奏するスキルなどと同様に、実践の中で少しずつ自分のものになっていきます。そのため、積極的に腕を磨く機会をつくることが重要になります。

　具体的にいくつかの例をあげてみましょう。質問をすると決めて授業に参加する。ディスカッションのリーダーになる。授業を録音して復習のために聞く。授業終了後に教員にわからないことを直接尋ねる。クラスメイトと自主的な学習会をつくる。留学生と交流する機会をつくる。インターネットで公開されている英語による授業の動画を視聴する。いろいろな方法がありますので、あなたに適した方法でスキルを磨く機会を用意しておきましょう。

第2部

授業場面別の秘訣と英語表現

第2部 授業場面別の秘訣と英語表現

授業が始まる前に　　　　　　初回の授業

　教員が教室に来る前から授業は始まっていると言えます。同じ教室でともに学ぶ仲間に積極的に話しかけましょう。

関連する場面　*Scene 25*：学生間で協力して学ぶ（p.64）

基本会話例　　Read ➡ Listen　　　　　　　　　　 01

学生A：Is this seat taken?
　　　その席、空いていますか？

学生B：No. Go ahead.
　　　空いていますよ。どうぞ。

学生A：Thanks. My name is Mami and I'm an economics major.
　　　ありがとう。真美と言います。経済学を専攻しています。

学生B：I'm Wang. A law major.
　　　ウォンです。法学を専攻しています。

練習しよう！　　Read ➡ Listen & Speak　　　 02

① その席、空いていますか？
　Is this seat taken?

② ちょっと詰めてもらえますか？
　May I squeeze in?

③ 思ったよりも受講生が多いようだね。
　It seems that there are more students than I had expected.

④ この授業は「物理学入門」ですよね？
　This is "Introduction to Physics," right?

Scene 1 授業が始まる前に

⑤ 去年の授業でも一緒でしたね。覚えていますか？
We were in the same class last year. Do you remember me?

⑥ この先生の授業を受講したことがありますか？
Have you ever taken this professor's courses?

⑦ 英語による授業を受講したことありますか？
Have you ever taken a course taught in English?

⑧ 私は工学部に所属しています。あなたはどの学部ですか？
I am in the School of Engineering. How about you?

⑨ 私の名前は純一郎です。ジュンと呼んでください。
My name is Junichiro. Please call me Jun.

⑩ 私の２つ前の席に座っている男性の名前を知っていますか？
Do you know the name of the man sitting two seats in front of me?

「積極的な自分」を演出する

　アメリカ人と話しているとなんだかみんな堂々と自分の意見を述べていて、すごいなぁと感じることはありませんか？　留学中、私はあるプロジェクトに参加する理由を尋ねられ、「私はまだ２年生だから何ができるかわからないのですが、なにかこのプロジェクトに役立つことができたらうれしいです」と遠慮がちに言いました。ところが周りのアメリカ人学生は「今まで〇〇を勉強してきました。ですから△△ができます」と自信をもって話していました。たとえそれが飛び抜けたことでなくても、です。

　これは日本とアメリカの文化の違いに起因するようです。日本人は他人と協調することで自分の居場所をつくりあげる傾向があります。他方、アメリカ人は、他人と違いを見いだすことで自分のパーソナリティをつくりあげていきます。他人と違った自分の個性を発揮しながらの積極的な言動によって、他人とは違うものを得て、さらに個性を際立たせているのです。

　そもそも英語は、日本語と違って、積極的な表現が似合う気がします。英語で話すときは、自分のよいところを見つけて、アピールしてみてはどうでしょうか。文化の違いだけでなく、あなた自身についても、新しい発見があるかもしれません。（中山佳洋）

授業の方針を確認する

初回の授業

授業の方針を確認する最もよい機会は初回の授業です。あなたが気になる内容は、ほかの多くの学生にとっても気になるものでしょう。

関連する場面 Scene 3：教室内の英語の方針を確認する（p.20）

基本会話例　　Read ⇒ Listen　　　　CD 03

学　生：Should I call you Prof. Johnson?
　　　　ジョンソン先生と呼んでよろしいですか？

教　員：Oh, you can just call me Bruce.
　　　　いや、ブルースでいいですよ。

学　生：OK. Thank you, Bruce.
　　　　わかりました。ありがとうございます。ブルース。

練習しよう！　　Read ⇒ Listen & Speak　　CD 04

Repeat !

① 先生をどのように呼べばよろしいでしょうか？
What do you prefer to be called?

② 先生の授業では出席をとりますか？
Do you check attendance in class?

③ 教科書はどこで買えますか？
Where can we buy the textbooks?

④ 教科書はいつまでに買えばよろしいですか？
By when are we supposed to buy the textbooks?

⑤ 教科書が大学生協にまだ入荷していません。
The textbook has not arrived at the university co-op yet.

⑥ 授業中トイレに行ってもよろしいですか？
Can I go to the restroom during class?

⑦ 教室に飲み物を持ってきてもよろしいですか？
Can we bring something to drink into the classroom?

⑧ 授業はいつも時間通りに終わりますか？
Do you usually finish class on time?

⑨ メールで質問を送ってもよろしいですか？
Can I send you questions by e-mail?

⑩ メールでレポートを提出してもよろしいですか？
Can I submit my papers by e-mail?

アメリカ人も戸惑う教師の呼び方

　日本では、幼稚園から大学まで、教師を呼ぶときは「○○先生」または単に「先生」と言いますよね。私は小学校から高校までアメリカで暮らしましたが、中学校までは、教師にはMr. / Mrs. をつけ、教師に直接呼びかけるときは、Ma'am / Sir と言っていました。ところが、高校に入学したとたん、ある教師が、自分のことはファーストネームのマイクと呼んでほしい、と言い出したのです。この発言にクラス全員が驚き、休み時間は「本当にいいのかな？」の話題でもちきり。先陣をきってマイク！と呼んだ生徒はかなりの勇気がいったことでしょう。その後、別の教師もファーストネームのジョージと呼べばいいと言い、一気に大人になった気がしたものです。

　とはいえ、これまで「○○先生」としか呼んでこなかった身としては抵抗もあり、また、失礼にあたるのではと心配にもなります。まずはクラスの雰囲気や、周りでどう呼ばれているかを観察しましょう。クラス全員がマイク！と呼んでいるのに一人だけ Mr. ○○やProfessor ○○と呼ぶのも、しっくりきませんよね。私自身はじめは抵抗がありましたが、今振り返ると、親しみを込めて呼んだマイクとジョージのことは鮮明に思い出せます。何事にも初めの一歩が肝心。みなさんも勇気をもって、呼んでみてください。（岩城奈巳）

 初回の授業

教室内の英語の方針を確認する

初めて英語による授業を受けるときには不安があるものです。少しでも不安を取り除くために、授業における英語の方針について確認しましょう。

関連する場面 *Scene 4*：試験や成績評価について質問する（p.22）

基本会話例　　Read ➡ Listen　　 05

学　生：Would it be okay to record your class?
　　　　先生の授業を録音してもよろしいでしょうか？

教　員：Well, it is okay as long as you use the recording for your personal review.
　　　　そうですね。自分の復習のためだけならかまいませんよ。

学　生：OK. Thank you.
　　　　わかりました。ありがとうございます。

練習しよう！　　Read ➡ Listen & Speak　　 06

① この授業に必要な英語能力はどの程度ですか？
What level of English proficiency is required to take this course?

② 英語による授業は初めてです。
This is the first time for me to take a class in English.

③ この授業で英語による授業に慣れたいと思います。
Through this class, I hope that I will get accustomed to classes taught in English.

④ 授業中にわからなくなったら、先生のお話中でも発言してよろしいでしょうか？
Can I interrupt you when I don't understand something in class?

⑤ 復習のために、この授業を録音してもよろしいですか？
Can I record this class for my own review?

⑥ 英語で上手にプレゼンテーションをするコツを教えていただけますか？
Could you give us any tips for making a good presentation in English?

⑦ 英語でレポートを書くときに役に立つ本を紹介していただけますか？
Would you recommend some books which would help us write papers in English?

⑧ レポートの提出前に英語をチェックしてもらえる場所はありますか？
Where can we have our English checked before we submit our papers?

⑨ レポートを日本語で書いてもよろしいですか？
Can I write papers in Japanese?

⑩ どうしても意見を表現できないときに日本語を使ってもよろしいですか？
Are we allowed to use Japanese if we have difficulty in expressing an opinion?

 Column 「ソーリー」と言ってもいいけど

　「すみませんが、私はあまり英語力がないので…」英語で授業を教えていると、心配そうに相談をもちかける学生たちに出会います。グループ討論の冒頭によく見受けられる光景でもあります。英語力は授業履修の条件に達しているにも関わらず自分の語学力を謙遜する、"I am sorry...."というフレーズを用いて自分の足りない部分を伝える。これらは、日本的な文化によるものかもしれません。
　しかし、第2言語としての英語をこれから学ぼうとする学生が、流暢に話せないのは当然です。おそれず、まずは話し出してみてください。文法が間違っていても、単語を並べただけでも、大丈夫です。伝えようとする姿勢の方が大切です。英語は使えば使うほど上達していきますので、あきらめずに続けてみると、ある日、伝わりやすくなったことを実感できるはずです。しかも、あなたの英語を聞いている相手も、あなたの英語に慣れ、理解できる幅が広がってきます。私たちが日本語で話しているときにも文法を間違えることはありますが、通じますよね。英語だって同じこと。自信をもって、今ある力を使って伝えてみましょう。
（髙木ひとみ）

試験や成績評価について質問する　初回の授業

試験や成績評価の方法は学習を進める上で気になることです。シラバスに書かれた内容や教員の説明でわからないことがあれば質問しましょう。

関連する場面　*Scene 26*：成績評価に納得できないときに（p.66）

基本会話例　　Read ⇒ Listen　　 07

学　生：Would you tell us the evaluation criteria for papers for your class?
　　　　授業のレポートの評価基準を教えてください。

教　員：The structure of argumentation is more important than the English itself.
　　　　英語そのものよりも、内容の構造の方が重要です。

学　生：That's a relief. I'll worry about English later then. Thank you.
　　　　安心しました。英語の心配は後にします。ありがとうございます。

練習しよう！　　Read ⇒ Listen & Speak　　 08

Repeat ! ✓ ✓ ✓ ✓ ✓

① 出席は成績にどれくらい反映されますか？
How much influence does attendance have on my grade?

② 英語力は成績にどれくらい反映されますか？
How much influence does my English proficiency have on my grade?

③ 中間試験の範囲は、教科書のどこからどこまでですか？
Which part of the textbook will the mid-term examination cover?

④ レポートは手書きでもかまいませんか？
Can I handwrite my papers?

⑤ レポートの評価基準を教えていただけますか？
Would you tell us the evaluation criteria for papers?

⑥ 試験では辞書を持ち込めますか？
Is using a dictionary allowed during exams?

⑦ 先生の試験では電卓の使用は認められますか？
Can we use a calculator during your exam?

⑧ 試験の結果が悪かった場合に救済措置はありますか？
If we get poor marks on an examination, do you have any follow-up system?

⑨ インターンシップで参加できない授業があります。そのことを配慮していただけますか？
I will not be able to attend some classes because of my internship. Would you take that into consideration?

⑩ 去年は学生の何パーセントが、この授業の単位を取得しましたか？
What percentage of the students got credit for this class last year?

第2部　授業場面別の秘訣と英語表現

日々の授業

問いかけに答える

授業では、教員から学生に向けて問いかけるさまざまな場面があります。積極的に答えて授業に参加していく習慣をつけましょう。

関連する場面　*Scene 7*：わからないことを伝える（p.28）

基本会話例　　Read ➡ Listen　　 09

教　員：What is "theory"? Can anyone put it into simple words?
　　　　「理論」とは何でしょうか？　だれか簡単な言葉で答えられる人はいませんか？

学　生：Well, I think theory is a type of explanation.
　　　　理論は説明のようなものだと私は思います。

教　員：That is a very good point. Any other thoughts?
　　　　かなりよい答えですね。ほかの考えはありませんか？

練習しよう！　　Read ➡ Listen & Speak　　 10

Repeat! ✓ ✓ ✓ ✓ ✓

① （名前を呼ばれて）ここにいます。
   I'm here.

② 田中さんは体調が悪いので、今日は早退しました。
   Ms. Tanaka left early today because she was not feeling well.

③ え〜っと、答えは1970年だと思います。
   Um, I believe the answer is the year 1970.

④ それはよくわかりました。
   I understand that point.

⑤ そうですね。「ジェンダー」という言葉は聞いたことがありますが、その意味はわかりません。
Well, I have heard of the word "gender," but I'm not sure what it means.

⑥ その解き方については高校で学びました。
We studied the solution in high school.

⑦ 間違っているかもしれませんが、原因は地球温暖化ではないかと思います。
I may be wrong, but I suspect the cause is global warming.

⑧ 質問の意味がわかりません。
I don't understand the question.

⑨ 質問の意味はわかりますが、答えられません。
I understand the question, but I can't answer it.

⑩ その問題について考えがまとまっていません。
I don't have any definite ideas on this issue.

インターネットは授業の宝庫

　英語による授業、と言われても想像がつかないし、ちょっと遠慮したいかな。そんな方にオススメなのが、英語圏の大学が無償公開している授業映像のウェブサイトです。オープンコースウェアなどと呼ばれるこのサイトを事前にながめておけば、どんな調子で授業が進んでいくのか、雰囲気をあらかじめつかんでおくことができます。例えば、マサチューセッツ工科大学で人気の物理実験の映像。教室内で使われる英語フレーズはもとより、物理実験のさまざまな用語も知ることができます (http://ocw.mit.edu/)。
　2008年6月には『最後の授業－ぼくの命があるうちに』(ランディ・パウシュ著，ランダムハウス講談社) という翻訳本が刊行されました。この本はカーネギーメロン大学のランディ・パウシュ教授が膵臓癌という病を抱えながら行った最後の授業の記録です。実際の講演の様子はインターネットを通じて世界中に公開されてもいます (http://thelastlecture.com/)。ランディ教授は「自分の夢をかなえるために」というテーマで講演したのですが、内容としてはアメリカの一般的な学部生対象の授業レベルとほぼ同等ですし、アメリカ人の考え方や生き方を学ぶ上でもとても参考になります。ITを味方につけて、英語による授業にトライしてみましょう。(中山佳洋)

第2部 授業場面別の秘訣と英語表現

日々の授業

聞き取れないことを伝える

大事な用語が聞き取れないと、授業についていけなくなります。事態が深刻になる前に、そのことを正直に教員に伝えましょう。

関連する場面 Scene 7：わからないことを伝える（p.28）

基本会話例 Read ⇒ Listen 11

学　生： Could you write the word you just said on the board?
　　　　今おっしゃった単語を黒板に書いていただけますか？

教　員： Which word are you talking about?
　　　　どの単語のことですか？

学　生： The word that starts with INTER something.
　　　　「INTERなんとか」から始まる単語のことです。

練習しよう！ Read ⇒ Listen & Speak 　 12

Repeat !　✓ ✓ ✓ ✓ ✓

① すみません。聞き取れませんでした。
Excuse me, but I couldn't catch that.

② もう一度、言っていただけますか？
Could you say that again?

③ もう少し大きな声で、ゆっくり話していただけませんか？
Could you speak a little more loudly and slowly?

④ ありがとうございます。はっきり聞き取れるようになりました。
Thank you very much. That's much better.

⑤ マイクの音量を上げていただけませんか？
Could you turn up the volume of the microphone?

⑥ もう少し簡単な言葉で説明していただけますか？
Could you please explain that using simpler words?

⑦ "plagiarism" は、別の言葉で何と言いますか？
What is another way to say "plagiarism"?

⑧ 「EXTRA なんとか」で始まる単語が理解できません。
I don't understand the word that starts with EXTRA something.

⑨ 今おっしゃった単語のスペルを教えていただけますか？
Could you spell out the word you just said?

⑩ 重要なことは板書していただけないでしょうか？
Could you write the important points on the board?

イヤホン留学

　私がアメリカの大学に通っていた 1980 年代、アパートから大学まで片道約 25 分の道のりを歩きながら、NPR (National Public Radio) の番組を聞くことを日課にしていました。NPR にはとても質の高いトーク番組、聴取者参加番組、ドキュメンタリー番組、報道番組などがめじろ押しで、どれもアメリカや世界について英語で学ぶ絶好の機会でした。毎日の通学時間は、私にとって、世界を英語で学ぶ貴重な時間だったのです。

　それから 20 年以上を経た今、podcast という学習者にとっては奇跡のようなツールができました。NPR のホームページ (www.npr.org) から番組をダウンロードして MP3 プレイヤーに入れておけば、地下鉄に乗っていてもどこにいても、まるで留学しているかのような時間が過ごせます。私がアメリカにいて過ごした毎日の 50 分も、みなさんが日本で過ごす 50 分も、NPR を聞いている限り違いはありません。つまり日本にいても、「イヤホン留学」できるのです。聞けば聞くほど状況もわかってきて聞きやすくなりますし、もちろん発音や単語にも慣れてきます。「継続は力なり」を信じて長く続けた人は、きっと実感できることと思います。（渡辺義和）

第 2 部　授業場面別の秘訣と英語表現

わからないことを伝える

日々の授業

わからないことを伝えることは決して恥ずかしい行為ではありません。勇気をもって、何がわからないのかを説明しましょう。

関連する場面　*Scene 8*：質問する（p.30）

基本会話例　　　　Read ➡ Listen　　　　　　 13

学　生：Excuse me. I'm afraid I'm not following you.
　　　　すみません。わからなくなってきました。

教　員：Why don't you tell me what you have not understood?
　　　　理解できなかったことを話してみてください。

学　生：I don't understand what argument the author wants to make.
　　　　その筆者が何を主張したいのかがわからないのです。

練習しよう！　　　Read ➡ Listen & Speak　　　 14

① わからなくなってきました。
　 I'm afraid I'm not following you.

② それをきちんと理解できません。
　 I don't understand that very well.

③ "hypothesis" という単語の意味がわかりません。
　 I don't know the meaning of the word "hypothesis."

④ 演繹と帰納の違いがわかりません。
　 I can't tell the difference between deduction and induction.

28

⑤ その理論について、もう少し詳しく説明していただけますか？
Would you please explain that theory in more detail?

⑥ 表４から、もう一度繰り返して説明していただけますか？
Would you please repeat your explanations starting with Table 4?

⑦ 結局、筆者の主張は何だったのでしょうか？
In the end, what argument does the author want to make?

⑧ 例をあげて説明していただけませんか？
Could you explain that with examples?

⑨ その問題を解くヒントをいただけますか？
Would you give us a hint for solving the problem?

⑩ 個々にはわかりますが、全体像がつかめません。
I understand the individual parts, but I don't see the big picture.

Column　流れをつかめば授業はわかる

　英語による授業を受けるとき、聞きもらしてはいけないと思って、ついつい肩に力が入ってしまうことがあるかと思います。ところが、実際に英語による授業を受けてみると、すべての情報を正確に理解することは求められていないということがわかります。リスニングテストのように一言一句をしっかりと聞き取る必要はないのです。5分や10分ならいざしらず、90分もの間リスニングテストなみに集中し続けるなんて、そもそも無理ですよね。
　英語には 'get the big picture of' という表現があります。日本語に訳すとしたら「大枠をつかむ」といった感じでしょうか。大きな視点で物事を捉えてみよう、ということなのです。授業を受けるときに大切なことは、まさにこの言葉の通り、授業の流れをつかんで先生が何を言おうとしているかを理解することなのだと思います。肩の力を抜いて、「要するに何なのだろう？」というつもりで授業を受けてみてはいかがでしょうか。不思議なほどに、授業の内容が頭に飛び込んできます。（中山佳洋）

質問する

日々の授業

多くの教員は学生からの質問を歓迎するものです。質問の機会を逃さないように、自分なりの質問のパターンを用意しておきましょう。

関連する場面 Scene 7：わからないことを伝える（p.28）

基本会話例　　Read ➡ Listen　　 15

学　生：Excuse me. May I interrupt you to ask a question?
　　　　すみません。途中ですが、質問してもよろしいですか？

教　員：OK. Go ahead.
　　　　いいですよ。どうぞ。

学　生：You mentioned that the current policy will not solve the problem. Could you explain why?
　　　　現状の政策では問題を解決できないとおっしゃいましたが、その根拠を説明していただけますか？

練習しよう！　　Read ➡ Listen & Speak　　 16

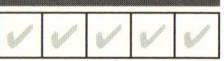

① 質問があります。
I have a question.

② 途中ですが、質問してもよろしいですか？
May I interrupt you to ask a question?

③ この答えはどうして間違っているのでしょうか？
Why is this answer wrong?

④ この分析方法はどのようなときに利用できますか？
In what kind of situation can we use this analytical method?

⑤ この論文のポイントは何でしょうか？
What is the point of this thesis?

⑥ この論争について先生の考えを教えていただけますか？
Would you please share your opinions on the argument?

⑦ 今日の授業に関連する本を教えていただけますか？
Can you please introduce some books related to the content of today's class?

⑧ この分野で重要な研究者は誰ですか？
Who is the key researcher in this field?

⑨ 私の質問の意味が十分伝わったでしょうか？
Was my question clear enough?

⑩ 丁寧に答えていただき、ありがとうございました。
Thank you. Your reply to my question was very helpful.

第2部　授業場面別の秘訣と英語表現

自分の意見を述べる

日々の授業

授業内容に関する多様な考え方は、授業に活力を生み出します。あなた自身の意見を述べるとともに、自分以外の様々な考え方も尊重しましょう。

関連する場面　*Scene 10*：授業の進め方について提案する（p.34）

基本会話例　　Read ⇒ Listen　　 17

教　員：What did you think about the essay?
　　　　その評論を読んでどのような感想をもちましたか？

学　生：I don't agree with the author's point of view.
　　　　私は筆者の見解には同意できません。

教　員：Well, let me hear your point of view.
　　　　では、あなたの見解を聞かせてください。

練習しよう！　　Read ⇒ Listen & Speak　　 18

Repeat ! ✓ ✓ ✓ ✓ ✓

① その意見が気に入りました。
I like that opinion.

② ジョディさんの意見に賛成です。
I agree with Jody's opinion.

③ その点については全面的には賛成できません。
I don't fully agree with that point.

④ 私には異なった意見があります。
I have a different opinion.

⑤ 計算が間違っているのではないかと思います。
I'm afraid that the calculation was not correct.

⑥ 消費税によってその問題を解決できると思います。
I think that consumption tax can solve the problem.

⑦ 別の観点から言わせてください。
Allow me to express another viewpoint.

⑧ もう少し意見を付け加えたいと思います。
I'd like to add some opinions.

⑨ 田中さんが指摘したように、この方法にはいくつかの問題があります。
As Mr. Tanaka has mentioned, this method has some problems.

⑩ ようやく考えがまとまりました。
I have finally gotten my thoughts together.

 **「リスニング・キュー」に注目しよう**

　英語による授業において一言一句を聞き取ろうとすることは、英語のトレーニングとしては有効かもしれません。けれど実際は集中力が続かなくなるのでメリハリも必要です。そのときに、「リスニング・キュー」に注目することをお勧めします。リスニング・キューとは、これから重要なことを話しますよという合図となるフレーズのことで、次のようなものがあります。

　The main purpose of today's lecture is.... (今日の私の講義の目的は…です)、Today I am going to talk about.... (今日私は…について話します)、There are three important points. (3つの重要なポイントがあります)、What is it? (これは何でしょう？)、What does this mean? (これまで述べてきたことは、何を意味するのでしょうか？)、What I am trying to say is.... (私が言おうとしていることは、つまり…)、Let me summarize. ...(まとめをしたいと思います)

　リスニング・キューを使いこなせば、講義のポイントと流れを押さえることはもちろん、あなたが話すときに使用すると、重要な点を明確に際立たせることもできるはずです。
(堀江未来)

第2部　授業場面別の秘訣と英語表現

Scene 10　授業の進め方について提案する

日々の授業

授業は教員と学生が協力してつくるものです。授業の進め方についてよい案を思いついたら、教員に提案してみましょう。

関連する場面　*Scene 11*：個人的なお願いをする（p.36）

基本会話例　　　Read ⇒ Listen　　　 19

学　生：Are you going to give us copies of the slides you used today?
　　　　今日使用したスライドのコピーは配っていただけますか？

教　員：No, I wasn't planning to do that. Do you need them?
　　　　いいえ、そのつもりはありませんでしたが、必要ですか？

学　生：Yes, that would help a lot.
　　　　はい、あれば非常に助かります。

練習しよう！　　　Read ⇒ Listen & Speak　　　 20

Repeat! ✓ ✓ ✓ ✓ ✓

① マイクを使っていただけませんか？
　Could you use the microphone?

② 黒板を消さないでいただけますか？
　Would you please leave the board as it is?

③ 板書を書き取る時間をいただけますか？
　Can you please give us time to write down what you have written on the board?

④ 授業中の私語をやめさせていただけますか？
　Could you please stop the other students from talking in class?

Scene 10 授業の進め方について提案する

⑤ スライドが見えにくいです。カーテンを閉めてもよろしいですか？
The slides are hard to see. Can I draw the curtains?

⑥ 画面のフォーカスを合わせていただけますか？
Could you please adjust the focus on the screen?

⑦ プリントが3枚足りません。もっと配布していただけますか？
We are three handouts short. Could you give us some more?

⑧ 表にスペースがなくなったので、裏を使ってもよろしいですか？
Can I write on the back, since I'm running out of space on the front?

⑨ 今日の授業のスライドのコピーをいただけますか？
Are copies of the slides you used today available?

⑩ 終了時間を過ぎたようですが。
I'm afraid that we have already used up the time available for this class.

Column　**案外なんとかなる**

　初めて「英語のみの授業」と聞いたとき、とても難しそうな印象を受けました。自分のためになるとわかっていながらも、大変そうだし、「ほかのみんなはわかっているのに自分だけがわからない」という状況に陥るのはイヤだし。それでも一度、英語のみの授業を受けてみたら、案外なんとかなるということに気づきました。初めからそんなに身構えることはなかったのです。「わからないとダメなんだ」と思ってしまいますが、わからなくてもいいのです。日本語ですら、私は一言一句逃さず、すべて聞いているとは思えません。単語がわかれば、どんな話題か見当がつき、考えながら聞くことも、コミュニケーションを図ることもできます。その繰り返しが大事だと思います。授業を通じてわかるようになれば問題なし！
　今は第二外国語でスペイン語をとっています。週に一度90分間の授業、なんと、まさかのオールスペイン語…履修2年目の私にはクラクラするような環境ですが、授業の内容がタフだからといって怖い先生というわけではありません。わからないからといってイヤな顔をされたり怒られたりしたことは一度もありません。わからないときは聞けばいいのです。より簡単な表現を使うなど、対応してくれます。案外なんとかなるものです。（吉村優生）

第２部　授業場面別の秘訣と英語表現

個人的なお願いをする

日々の授業

個人的な事情から教員に直接お願いをしたい場合があるでしょう。授業開始前や終了直後は、依頼をする絶好のチャンスです。

関連する場面　*Scene 24*：授業時間外に教員を訪ねる（p.62）

基本会話例　　Read ➡ Listen　

学　生：I have to miss a class next week because I'm going to the hospital. Will that be counted as an absence?
来週病院に行くので授業に出られません。欠席として扱われますか？

教　員：If you bring me a letter from the doctor, I will take that into account.
医者の診断書を提出すれば考慮します。

学　生：Thank you. I'm glad to hear that.
ありがとうございます。それを聞いて安心しました。

練習しよう！　　Read ➡ Listen & Speak　

① 前の席に移ってもよろしいですか？
May I move to a seat in front?

② 体調が悪いので、しばらく退室してもよろしいでしょうか？
I don't feel well. May I leave the room for a while?

③ 先週欠席したので、プリントをいただけますか？
I was absent from class last week. May I have the handout?

④ 今日は就職の面接があるので、早退してもよろしいですか？
I have a job interview today. May I leave class early?

⑤ 遅刻して申し訳ありません。
I apologize for being late.

⑥ 課題が間に合わず申し訳ありません。ハードディスクが壊れました。
I am sorry that I couldn't hand in the assignment on time. My hard drive crashed.

⑦ その本を少しの間お借りしてもよろしいですか？
Could I keep the book for a while?

⑧ レポートの期限を延ばしていただけませんか？
Could you extend the deadline for the paper?

⑨ 私のレポートにコメントをいただけますか？
Can I have your comments on my paper?

⑩ 授業終了時に、この授業の受講生を対象にアンケートをとりたいのですがよろしいですか？
Can I ask the students in this class to fill in a questionnaire at the end of class?

Column　地球がキャンパス！

　海外留学というと、英語圏への語学留学を思い浮かべる人が多いようです。しかし、期間、内容、行き先など、実際にはさまざまな留学の形があります。例えば、1年間の交換留学で、デンマークで英語による授業を履修する、韓国で韓国語による授業と英語による授業の両方を履修する、というように非英語圏にいても英語の授業を受けることができます。また、夏学期に集中コースとして開講される、統計学5日間コースや、10日間カウンセリング心理学セミナーといったものもあります。専門分野を離れて、演劇やデザインなどを1学期間だけ学んでくる人もいます。大学院への進学、語学学校への短期滞在などを考え合わせれば、可能性は無数にあるといっても過言ではありません。
　世界では今、国境を越えて学ぶ学生が約270万人おり、その数は今後も増加するといわれています。このような留学ニーズに応えるため、多様で個性的かつオープンなプログラムが次々組まれていますし、そのようなプログラム参加者に財政支援を行っている大学もあります。地球上にある多くのチャンスから自分に合った留学プログラムを見つけて、ぜひ参加してみてください。新たな世界が広がります。（堀江未来）

Scene 12 ディスカッションをリードする

参加型の授業

ディスカッションでは、自分の意見を述べるだけでは不十分です。より活発で生産的になるようにディスカッションをリードしてみましょう。

関連する場面 *Scene 9*：自分の意見を述べる（p.32）

基本会話例　Read ➡ Listen　　CD 23

学生A：Who wants to be the discussion leader?
　　　ディスカッションリーダーになりたい人はいますか？

学生B：I don't mind doing it.
　　　私がやってもいいですよ。

学生C：Can I do it this time because I won't be here next week?
　　　私は来週いないので、今回やらせてもらえませんか？

学生B：Sure, no problem.
　　　もちろん。どうぞ。

練習しよう！　Read ➡ Listen & Speak　　CD 24

Repeat ! ✓ ✓ ✓ ✓ ✓

① イスを移動して輪になりましょう。
　Let's move the chairs into a circle.

② ディスカッションに入る前に、まず自分たちの考えを整理する時間をとりましょう。
　Let's take some time to organize our thoughts before starting the discussion.

③ 誰か口火を切ってくれませんか？
　Who would like to start?

④ 私の意見を言ってもいいでしょうか？
　Could I give my opinion?

⑤ ダニエルさんの意見に賛成の人はどれくらいいますか？
How many of you agree with Daniel?

⑥ この点について、異なる意見を持っている人はいませんか？
Does anyone have a different view on that?

⑦ まだ今日発言していない人の意見を聞きたいと思います。
I'd like to hear from those who haven't spoken today.

⑧ 興味深い意見ですが、テーマからは少しそれているようです。
That's an interesting idea, but I'm afraid it may be a bit off the point.

⑨ もう一度初めに話していたテーマに戻りましょう。
Let's go back to what we were talking about earlier.

⑩ そろそろディスカッションをまとめたいと思います。
I believe it is time to conclude this discussion.

Column　読む課題が多い授業の趣旨とは？

　英語圏の大学に留学すると「読む課題が多い！」と言う声をよく聞きます。特に文系ではその傾向が顕著で、私がアメリカの大学院で学んでいたときもやはり、「来週までに20ページ相当が3本、本が1冊、それに教科書3章分…」という状態でした。留学するなり、半分泣きながら、眠りに落ちながら、読み続ける毎日。それでも間に合わないので、授業中の議論にも参加できません。しかも、英語というハードルに加え、ネイティブの学生にとっても読みこなせない量だったのですから、フラストレーションはたまるばかりです。
　実はこれらの課題は、議論を中心とした授業に連動していました。全部読んでいないからといって、部分的なことしかわからずに授業が終わってしまう訳ではありません。一人で完結するのではなく、一人一人がそれぞれの視点から許容量いっぱい理解した断片を持ち寄って、議論しながら学びを最大化するという趣旨なのです。これに気づいた私は、授業に持ち込みたい意見や視点は何かを考えながら読むようになりました。授業で意見を述べることが目的ですから、一字一句を追う必要もありません。しかも、授業では意見を言いやすくなりました。議論に慣れるまでは、最初に発言する、というワザも身につけました。こうして、留学最初の学期に喪失した自信は少しずつ回復していったのです。（堀江未来）

Scene 13 グループワークを行う

参加型の授業

一人では負担に感じられるような課題でも、グループワークであれば仲間がいるという安心感や責任感から積極的に取り組めるようになります。

関連する場面 *Scene 19*：学生の発表にコメントする（p.52）

基本会話例　　　Read ⇒ Listen　　　　　　　　　　CD 25

学生A：I don't think we'll have enough time to finish everything today.
今日すべてを終わらせる時間はないと思います。

学生B：Shall we get together again this weekend?
今週末にまた集まりませんか？

学生C：That's a good idea.
いい案ですね。

練習しよう！　　　Read ⇒ Listen & Speak　　　　　CD 26

Repeat !

① そちらのグループに入れてもらえますか？
Can I join your group?

② このグループに入りませんか？
Would you like to join this group?

③ それぞれの役割分担を決めましょう。
Let's decide each person's role.

④ 私はインタビューを担当したいです。
I'd like to take charge of the interview.

⑤ 計算をお願いしてもいいですか？
Can I ask you to do the calculation?

⑥ 今日は時間がなくなったのでここで作業を中断しましょう。
Let's stop here for today as we are running out of time.

⑦ 授業時間外の作業も必要ですね。
I believe extra time is needed on this.

⑧ 次のミーティングのためにみんなの予定を調整しませんか？
Shall we arrange a time for the next meeting?

⑨ 水曜午後4時でどうでしょうか？
Is 4 p.m. on Wednesday convenient for everyone?

⑩ 誰がグループワークの成果を報告しましょうか？
Who will report the results of the group work?

Column 「スキム・リーディング」を習得しよう

　大量のリーディング課題にあえぐ留学時代の私を助けたのは、「スキム・リーディング」という読み方の技法でした。skim は、表面をさっとすくう、いいところだけをすくいとる、という意味です。飛ばして読んでいいの？　それで全体がわかるの？　一つ一つ意味を調べて丁寧に読んでいた私には、少々勇気のいる方向転換でした。でも、英語文献を読む課題の多くは、内容をつかむことが目的。一言一句のテキスト分析や日本語への全訳は必要ないので、この方法がお勧めなのです。手順は簡単です。
① 題名、著者名（および所属等）、各節のヘディング、収録雑誌名や出版社情報等を確認し、論文の全体像や背景をつかむ。
② 図表やリスト、絵などを見て内容についてのヒントを得る。
③ それぞれの段落を、トピック・センテンスを中心に読み進め、各節でのポイントを理解する。一つ一つの単語にこだわらず、キーワードに着目する。
　ちなみに、トピック・センテンスとは、段落の最初に出てくる一文で、その段落で最も重要なポイントをわかりやすく表現するものです。うまく構成された学術論文では、トピック・センテンスを読んでいくだけで全体がわかると言われています。英語で書くときにも、トピック・センテンスを意識してみてください。(堀江未来)

Scene 14 実験・実習を進める

参加型の授業

グループで行う実験や実習では、相互のコミュニケーションが重要です。声をかけ合いながら、貴重な体験的な学習を楽しみましょう。

関連する場面 *Scene 13*：グループワークを行う（p.40）

基本会話例　　Read ➡ Listen　　　　　CD 27

学生A：Are we following the procedure explained in the textbook?
　　　私たちは教科書に書いてある手順に従って進めているのでしょうか？

学生B：Hmm. I'm not sure. What do you think?
　　　うーん。自信がありません。どう思いますか？

学生C：Why don't we ask the professor?
　　　先生に質問してみませんか？

練習しよう！　　Read ➡ Listen & Speak　　　　　CD 28

Repeat! ✓ ✓ ✓ ✓ ✓

① データを読み上げるので、ノートにメモしてください。
　While I read out the data, please take notes.

② 教科書に書いてある順番で実験を進めましょう。
　Let's carry out the experiment according to the order presented in the textbook.

③ 決まった作業分担の通りに進めましょう。
　Let's proceed with the experiment based on the roles we have decided.

④ この操作は危険なので、注意して行いましょう。
　This operation is dangerous, so we need to be careful.

⑤ ちょっと待って。防護メガネを忘れていますよ。
Please wait. You have forgotten to put on your protective glasses.

⑥ どの作業まで終わりましたか？
Which operations have you finished so far?

⑦ 実験で得られた結果は、理論値と大きな差があります。
The result we got from the experiment differs a lot from the theoretical value.

⑧ もう一度実験をやり直しましょう。
I propose that we do the experiment over.

⑨ この実験結果をどう解釈すればいいか、スミス先生に聞いてみましょう。
Let's ask Prof. Smith how we should interpret the results of the experiment.

⑩ 今日はここまでにして終わりましょう。
Let's finish here for today.

Scene 15 発表を始める

参加型の授業

いきなり内容から入るのではなく、聞き手が準備できているかどうかを確認しましょう。そして、あなたの発表に集中できる雰囲気を演出しましょう。

関連する場面 Scene 17：資料を配布する（p.48）

基本会話例　Read → Listen　CD 29

学生A：Can you hear me in the back?
　　　　後ろの人たちは私の声が聞こえますか？

学生B：Not really. Can you speak a bit louder?
　　　　よく聞こえません。もう少し大きな声で話していただけますか？

学生A：How about this? Can you hear me now?
　　　　今度はどうですか？　私の声が聞こえるようになりましたか？

学生B：That's better.
　　　　よく聞こえるようになりました。

練習しよう！　Read → Listen & Speak　CD 30

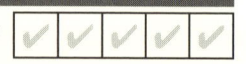

Repeat !

① 私の声がみんな聞こえますか？
   Can you all hear me?

② 座ったまま発表してもいいでしょうか？
   Can I make my presentation without standing up?

③ それでは、始めましょうか？
   Shall we start now?

④ 私の発表題目は、「携帯電話が子どもにどのような影響を与えるか」です。
   The title of my presentation is "How mobile phones affect children."

⑤ パワーポイントを使って発表します。
I will use PowerPoint for my presentation.

⑥ 後ろのみなさん、スライドがはっきり見えますか？
Is the slide clear enough for the people in the back?

⑦ スライドがよく見えない人は、前の方に来てください。
If you can't see the slides clearly, please come to the front.

⑧ 話し方が速すぎますか？
Am I speaking too fast?

⑨ 質問があれば、話の途中でも自由に質問してください。
Please feel free to stop me anytime if you have a question.

⑩ 英語が理解できない場合には、手をあげてください。
Please raise your hand when you don't understand my English.

Column　日本語のプレゼンもうまくなる！

　大学生になってから、英語の授業では、英語を用いて何ができるようになるのかを私は重視しています。高校までの英語の授業では、文法や単語といった英語そのものを学ぶことに主眼があります。一方、大学では、Communication, Reading, Event Planning, Workplace English など幅広い英語のクラスを履修することで、多くのスキルを得ることができました。
　一例をあげれば、大学1年生のときに履修した英語のクラスで学んだプレゼンテーションスキル。学んだのは英語のプレゼンテーションのスキルでしたが、日本語だって基本は同じです。インターンシップの報告会で日本語によるプレゼンテーションを行ったとき、報告会終了後にインターンシップ研修を担当していた方から、すばらしいプレゼンテーションだったと高く評価していただくことにつながりました。
　英語も日本語も、自分を表現するツールにすぎません。そのツールを用いて何ができるのかが大事ではないかと私は思います。（山口大輔）

Scene 16 話の流れをつくる

参加型の授業

発表の流れを聞き手が見失わないように、自分の発表がどのような構成なのか、話している内容が全体の中でどのような位置づけなのかを伝えましょう。

関連する場面 Scene 18：発表を締めくくる（p.50）

基本会話例　Read ⇒ Listen　CD 31

学生A：Before moving onto the next section, does anybody have questions?
次の内容に移る前に、何か質問はありませんか？

学生B：Yes, I just want to clarify one point. Is that okay?
はい、確認しておきたい点がひとつあります。よろしいでしょうか？

学生A：Sure, go ahead.
もちろんです。どうぞ。

練習しよう！　Read ⇒ Listen & Speak　CD 32

Repeat! ✓✓✓✓✓

① 私の発表は、みなさんへの質問から始めたいと思います。
   I'd like to start my presentation with some questions to all of you.

② まず、シェークスピアの引用から始めます。
   I begin my presentation with a quote from Shakespeare.

③ 初めに、「官僚制」の定義を行います。
   At the beginning, I define "bureaucracy."

④ 次に、官僚制の実例を紹介します。
   Then, I give some examples of bureaucracy.

Scene 16 話の流れをつくる

⑤ 最後に、官僚制に対する賛否両論について検討したいと思います。
Finally, I'd like to examine the pros and cons of bureaucracy.

⑥ それでは本題に入りましょう。
Now, let's take up the main subject.

⑦ では、次の内容に移りましょう。
I will now move to the next part.

⑧ これで最初の内容は終わりです。
Now we've covered the first part.

⑨ 次のテーマに移る前に、これまでのまとめをしましょう。
Before going onto the next topic, let's summarize what I have talked about so far.

⑩ これまでの内容に関して質問はありませんか？
Any questions so far?

Column　レポートが真っ赤になった理由

　アメリカ留学中は、レポートを書く宿題を大量に課されました。なんとかページ数を埋めて完成させたレポートは、真っ赤になって戻ってきました。ひとつは、論があっちへいったりこっちへいったりしている、という指摘。私のレポートは「起承転結」で書かれていたのですが、「転」のような意外な展開はいらなかったのです。問題設定を最初に述べたら、そこからまっすぐに論を組み立て、結論を出すよう指導されました。

　もうひとつは、Explain! とあちこちに書かれていたこと。それらの概念や事柄は、私からみると、当然先生も知っているはずのものだったので、わざわざ説明するなんて不自然な気がしました。けれど、これが英語と日本語の表現上の大きな違いだったのです。エドワード・ホールによると、日本は「ほのめかしや行間の意味を多用し、全てを言葉で語らない」傾向のある文化（高コンテキスト文化）、アメリカは「ほのめかしや行間の意味は存在せず、必要なことはすべて説明される」傾向のある文化（低コンテキスト文化）です。私の初の英語レポートもまさに高コンテキストだったのでしょう。当たり前と思われるようなこともしっかり言葉を尽くして説明するようにしたら、多く感じられた枚数もあっという間に埋まってしまいました。（堀江未来）

Scene 17 資料を配布する

参加型の授業

配布資料をうまく活用すると、聞き手の理解を深めることができます。全員に配布されるように的確に指示しましょう。

基本会話例　Read → Listen　CD 33

学生A：Does everyone have three pages?
みなさん、3ページずつありますか？

学生B：I've got only two pages. What does the third page look like?
私は2ページしかありません。3ページ目はどのようなものですか？

学生A：It's the one with two big photos.
大きな写真が2つあるものです。

練習しよう！　Read → Listen & Speak　CD 34

Repeat !

① それでは、これから発表に関する資料を配布します。
Now, I will distribute handouts of my presentation.

② 各自1枚ずつ取ってください。
Please take one copy each.

③ プリントは全部で3種類あります。
You'll receive three kinds of handouts.

④ 1枚取って次の人に回してください。
Please take one and pass them on.

⑤ プリントは何枚足りませんか？
How many handouts are we short?

⑥ プリントが足りないようなので、2人で1枚を共用してもらえませんか？
I'm afraid we do not have enough handouts. Would you please share one between two of you?

⑦ コピーが見えにくければ、別のものと取りかえます。
If your copy is not clear, I'll give you a new one.

⑧ 余った資料を持っている人はいませんか？　取りに行きます。
Let me know if there are extra materials. I will pick them up.

⑨ プリントのミスを訂正させてください。
I would like to make some corrections on the handout.

⑩ 少し時間をとるので、簡単に資料に目を通してください。
I will allow some time for you to quickly look over the handout.

Column　私の学習意欲を高めるもの

　僕が高校生のころ、長期間英語を勉強してきたはずなのに上手にしゃべれないことにもどかしさを感じていました。このことが、大学に合格した後も英語を勉強し続ける動機のひとつだったと思います。

　しかし、大学生活に慣れ始めたころに「英語ができれば可能性が広がる」ことに気づかされ、それまで以上に英語を勉強するようになりました。ひとつは、返済不要の奨学金には、しばしば「TOEFL ○○点以上」といった申請条件があることです。英語ができなければ、諦めるしかありません。また、英語ができれば情報量が格段に増えます。英語ほど世界で話されている言語はなく、インターネット上の情報量は、日本語とは比べものになりません。検索力は英語力に正比例すると言ってもいいかもしれません。さらに、個人的なことでは、英語ができると海外旅行の楽しみも広がります。日本語で書かれたガイドブックどおりの旅をするのか、現地でも情報を仕入れ、現地の人々と交流するのか。僕は考えるまでもなく後者を選びます。

　自分の行動の可能性が広がりつつあることを実感できると、英語の勉強の励みにもなるのではないでしょうか。（荒木雄人）

Scene 18 発表を締めくくる

参加型の授業

発表の最後にまとめの部分をしっかりとつくることで、聞き手の内容への理解を定着させ、その後の議論を活発にすることができます。

基本会話例　Read → Listen　CD 35

学生A：Now, I'm running out of time. Let me just explain a couple of important points.
時間がなくなってきたようです。いくつかの重要な点だけ説明させてください。

学生B：Excuse me. Could you also touch on the limitations of the analytical method, please?
すみません。その解析方法の限界についても話していただけますか？

学生A：No problem. I was going to do that.
わかりました。それについて話そうと思っていました。

練習しよう！　Read → Listen & Speak　CD 36

Repeat!

① そろそろ時間がなくなってきました。
Now, we are running out of time.

② 最後に、発表の主要な点をまとめたいと思います。
Finally, I would like to summarize the main points of my presentation.

③ 時間に制限があるので、残りのスライドについては概略だけ説明します。
Because of the time limitations, I'll just briefly explain the remaining slides.

Scene 18 発表を締めくくる

④ 私の発表が、これらの問題へのみなさんの理解に役立てたならば光栄です。
I hope my presentation helped you to better understand these issues.

⑤ この発表のファイルがほしい人にはメールでお送りします。
For those who need the electronic copy of this presentation, I will e-mail it to you.

⑥ ご清聴ありがとうございました。
Thank you for your kind attention.

⑦ みなさんからの質問やコメントを歓迎します。
I welcome your questions and comments.

⑧ どのような質問をお持ちでしょうか？
What kind of questions do you have?

⑨ この問題に詳しいエマさんからコメントをいただければと思います。
I would like to ask Emma for some comments, as she knows this issue well.

⑩ 授業終了後に声をかけていただければ、喜んで議論したいと思います。
If you want to speak to me after this class, I will be glad to continue the discussion.

Scene 19 学生の発表にコメントする

参加型の授業

自分以外の学生が発表したら、その内容に対してコメントを伝えましょう。授業時間中に伝えられない場合には、授業の直後でもかまいません。

関連する場面 *Scene 8*：質問する（p.30）

基本会話例　Read ➡ Listen　CD 37

学生A：That was very informative. Where can I find references related to this topic?
とても参考になりました。このトピックに関連した参考文献はどこにありますか？

学生B：Well, the easiest thing to do is go to the library databases and use "CP violation" as keywords.
そうですね。一番簡単なのは、図書館のデータベースで、「CP対称性の破れ」というキーワードを入れてみることです。

学生A：Thank you. That's helpful.
ありがとう。助かります。

練習しよう！　Read ➡ Listen & Speak　CD 38

Repeat !

① すばらしいです。
It was superb.

② あなたの意見はいつも的を射ています。
Your opinions are always to the point.

③ 発表がよくまとまっていたと思います。
I think your presentation was well organized.

④ 前回よりも格段によくなっていますね。
It was much better than your previous one.

⑤ 新しい情報が多くてよかったです。
I was impressed because your presentation contained a lot of new information.

⑥ いくつか質問してもよろしいでしょうか？
May I ask a couple of questions?

⑦ 2点について事実確認をさせてください。
I would like to confirm some facts on two points.

⑧ 質問ではなく、感想を述べてもいいでしょうか？
This is not a question, but can I just state my impressions?

⑨ 結論を支持する根拠が少し弱いような気がします。
I think that the evidence supporting the conclusion is a little weak.

⑩ 少子化が進むという理由は何ですか？
Why do you say that the number of children will decrease?

Column　映画で慣れる自然な英語

「リラックスタイムに英語学習なんて、リラックスできない」と思われるでしょうか。英語力向上には、文法や単語ももちろん大切だと思います。でも、そうして詰め込んだ言葉やフレーズほど、いざ英語を使おうという場面では口から出てこないもの。そこで私は、アメリカ留学中も、留学から戻ってからも、映画を英語学習のツールとして使っています。目標は字幕なしで映画を観ることです。留学当初は、DVDを借りてきては、英語字幕をつけながら、わからなかったところは何度も巻き戻して見ていました。

映画では、映像でシチュエーションを理解しながら、自然な速さの英語を聴くことができます。そうしているうちに新しい単語やフレーズを知らず知らずのうちに覚え、「英語の引き出し」が増えていくようです。私の場合、身近で簡単な言葉ほど、映画を通じて身につけたように思います。例えば eat corn on the cob なんていう言葉、英語の参考書にはまず出てきませんよね。映画を通じて、自分が思ってもみなかったような言い回しと出会うことができるのです。しかも、自然な英語のスピードにも慣れていきます。（平野詩紀子）

Scene 20 質問やコメントに返答する

参加型の授業

自分の発表に対して質問やコメントをもらったら、まずはそのことに感謝しましょう。そして、内容を確認した後に、誠実かつ簡潔に答えましょう。

基本会話例　Read → Listen　CD 39

学生A：Thank you for your question. You want to know why I chose the methodology. Is that correct?
質問ありがとうございます。あなたの質問は、なぜ私がその方法を選んだのか、でよろしいでしょうか？

学生B：Yes. That's right.
はい。そうです。

学生A：I see. Let me try to explain why.
わかりました。理由を説明させてください。

練習しよう！　Read → Listen & Speak　CD 40

Repeat!

① ありがとうございます。よい質問ですね。
Thank you. That is a good question.

② 貴重なコメントをありがとうございます。
Thank you for your valuable comments.

③ するどい指摘ですね。
You raise an interesting point.

④ あなたの質問を確認させてもらえますか？
Can I confirm your question?

⑤ あなたの質問は、どのようにデータを収集したかということでしょうか？
Are you asking me how I collected the data?

⑥ すみません。2つ目の質問を繰り返していただけますか？
I'm sorry. Could you kindly repeat the second question?

⑦ その質問にはすぐには答えられそうもありません。
I'm afraid I can't answer that question immediately.

⑧ 来週お答えしてもいいですか？
Is it OK if I answer it next week?

⑨ （質問に回答した後で）あなたの質問の答えになっていますか？
Does that answer your question?

⑩ たくさんの有益なコメントをいただきありがとうございます。
I really appreciate your giving me so many useful comments.

Scene 21 表やグラフに関する表現

さまざまな授業場面

表やグラフなどを使って視覚的に説明することは有効な方法です。プロジェクターで投影したら、指示棒や手で示すなどしてわかりやすく導きましょう。

基本会話例　Read ⇒ Listen　CD 41

学生A：The second column of the chart shows annual growth rate.
表の2列目は、年間の成長率を示しています。

学生B：Excuse me. Which chart are you referring to? The one on page 1?
すみません。どの表のことでしょうか？　1ページ目の表でしょうか？

学生A：I'm sorry. It's the big chart on page 3.
失礼しました。3ページ目の大きな表のことです。

練習しよう！　Read ⇒ Listen & Speak　CD 42

Repeat!

① スクリーンに映っているグラフを見てください。
Take a look at the graph on the screen.

② 配布資料の2ページ目の表を見てください。
Please look at the chart on the second page of the handout.

③ 表3のデータの出所はどこですか？
Where did you get the data used in Table 3?

④ 一番左の列は国名を示しています。
The column on the far left shows the names of countries.

⑤ 下から2番目の行はインドのデータです。
The second row from the bottom is the data on India.

⑥ X軸は年度を表しています。Y軸は予算額を表しています。
The X-axis represents years. The Y-axis represents budget amounts.

⑦ （棒グラフの）影つきの棒は、イタリアのワイン消費量を表しています。
The shaded bar shows wine consumption in Italy.

⑧ （折れ線グラフの）破線は男性の参加者の推移を表しています。
The broken line shows shifts in the number of male participants.

⑨ この図からいくつかのとても興味深いことがわかります。
This chart shows us some very interesting points.

⑩ そのグラフから、2つの指標の間に相関関係があることがわかります。
From the graph, we can understand that two indicators are interrelated.

Column 「30秒ルール」という勉強法

　大人になってから言葉をしっかり習得するのであれば、やはり王道はないと思います。自分の英語学習を振り返っても、こつこつと時間をかけ積み上げてこそ、本当の力がついてきたのだと感じています。
　私は大学生のころから「30秒ルール」とでもいうべき勉強法を実行していました。とても単純な勉強方法で、起きている間、30秒あればその時間を利用して勉強するというものです。人間はとかく「時間がない、時間がない」と言って作業を引き延ばしたり諦めたりします。でも自分の生活を振り返ってみると、30秒という「合間」は毎日たくさんあることに気づくと思います。これは私の学生時代の話ですが、エスカレーターに乗るときも、「30秒はかかるな」と思えば、鞄からTIME誌を出して読んだり、単語帳の1ページに集中したりしていました。
　脳科学の研究によれば、時間を区切って短時間に集中して作業をすると能率がいいとか。能率のよい30秒を毎日たくさん見つけて積み上げていけば、ものすごい量の学習ができると思います。その積み重ねがあって初めて「力がついた！」という実感にたどり着けるのではないでしょうか。（渡辺義和）

Scene 22 　数式や図形に関する表現

さまざまな授業場面

数式や図形に関する英語表現に慣れていないと、質問や意見の機会を逃してしまいます。一通り覚えるまでは読み方のリストを手元に置いておきましょう。

基本会話例　　Read ⇒ Listen　　CD 43

学　生：Excuse me. What does "S" represent in figure 3?
　　　　すみません。図3の「S」は何を指していますか？

教　員：Entropy. "T" represents "Temperature." Anything else?
　　　　エントロピーです。「T」は「温度」です。ほかに質問はありますか？

学　生：Thank you. Everything is clear now.
　　　　ありがとうございます。よくわかりました。

練習しよう！　　Read ⇒ Listen & Speak　　CD 44

Repeat!

① 3番目の式の後がわかりません。
I don't understand the part after the third formula.

② その数式の右辺のプラスはマイナスじゃないでしょうか？
On the right side of the equation, shouldn't it be minus instead of plus?

③ 三角形の内角の和は180度です。
The sum of the interior angles in a triangle is 180 degrees.

④ 三角形の面積は、底辺×高さ÷2で求められます。
The area of a triangle can be calculated by the base multiplied by the height, and divided by 2.

⑤ 計算では、円周率を3.14としてよろしいでしょうか？
May I use 3.14 for π in the calculation?

⑥ 球の体積はどのように求められますか？
How can we find the volume of a sphere?

⑦ この式のxは何を表していますか？
What does "x" represent in this formula?

⑧ mは質量を、gは重力を、それぞれ表します。
Mass is represented by m, and gravity by g, respectively.

⑨ その表の中の値は、小数点以下第2位を四捨五入しています。
The value in the chart is made by rounding to the second decimal place.

⑩ 直線Aと直線Bは平行です。
Line A and line B run parallel.

Scene 23 英語表現に困ったときに

さまざまな授業場面

適切な英語表現が浮かばないことはよくあります。そのような場面で使えるフレーズを事前に用意しておけば安心です。

基本会話例　Read ⇒ Listen　　CD 45

学　生：I can't come up with the English expression to explain what I'm thinking.
　　　　私の考えていることを説明するのに適した英語表現が思いつきません。

教　員：You don't need to say it perfectly. Just use the words you know.
　　　　完全な文章で言わなくてもかまいません。知っている単語を使うだけでかまいませんよ。

学　生：OK. I'll try.
　　　　わかりました。やってみます。

練習しよう！　Read ⇒ Listen & Speak　　CD 46

Repeat! ✓ ✓ ✓ ✓ ✓

① 少し時間をください。後で意見を述べます。
　Please give me some time. I will state my opinion later.

② 辞書を引いてから、意見を述べてもよろしいでしょうか？
　Can I give my opinion after looking at the dictionary?

③ なかなか適切な言葉が見つかりません。
　I can't seem to find the proper expression.

④ 言いたいことが、すぐには英語で言えません。
　It takes time for me to say what I want to say in English.

Scene 23 英語表現に困ったときに

⑤ この単語はどのように発音しますか？
How do you pronounce this word?

⑥ （図などを指しながら）この部分は何と言いますか？
What do you call this part?

⑦ 口頭では説明しにくいので、黒板に書いてよろしいですか？
It is difficult to explain it orally. Can I write it on the board?

⑧ 日本語では「もったいない」と言いますが、英語ではどのように言ったらよろしいでしょうか？
We say "mottainai" in Japanese, but how would you say it in English?

⑨ 「Y=」で始まる式がよくわかりません。
I don't understand the formula that starts with "Y equals."

⑩ 誰か助け舟を出してもらえませんか？
Would someone help me?

Scene 24 授業時間外に教員を訪ねる

さまざまな授業場面

学習上の悩みを自分だけで解決できない場合には教員を訪ねてみましょう。質問や相談に応じるオフィスアワーの時間を設ける教員も少なくありません。

関連する場面 Scene 27：授業の感想を伝える（p.68）

基本会話例　Read ⇒ Listen　CD 47

学　生：How much time do I get if I visit you during your office hours?
　　　　先生のオフィスアワーにうかがったら、どのくらいの時間お話することができますか？

教　員：That depends. Normally one student gets 15 minutes, but 30 minutes is possible.
　　　　場合によります。通常はひとりの学生につき15分ですが、30分も可能です。

学　生：I think I will need 30 minutes. Is that okay with you?
　　　　私の場合、30分いただきたいのですが、よろしいでしょうか？

練習しよう！　Read ⇒ Listen & Speak　CD 48

Repeat! ✓ ✓ ✓ ✓ ✓

① 先生のオフィスアワーはいつですか？
What are your office hours?

② できましたら、オフィスアワー以外で先生に面会をお願いしたいのですが。
If possible, I would like to meet you outside of your office hours.

③ 授業についていけないときがあります。
Sometimes I cannot keep up with the class.

④ 勉強の進め方についてアドバイスをいただけますか？
Would you give me some advice on how I should study?

⑤ レポートの作成について相談させてください。
I would like to ask for your advice on how to write papers.

⑥ 過去の優れたレポートを紹介していただけますか？
Can you show us some good papers from past years?

⑦ 授業で使用する教科書は難しいです。もう少しわかりやすい本を教えていただけますか？
The textbook is too difficult for me. Could you recommend some books that are easier to understand?

⑧ 学生の間で勉強会をしています。ゲストとして来ていただけませんか？
We are holding a study meeting among students. Would you come to our meeting as a guest?

⑨ 留学について相談してもよろしいですか？
Can I ask for your advice on studying abroad?

⑩ お時間をとっていただき、ありがとうございました。
Thank you for taking the time to speak with me.

Column　返事がもらえるメール

　先生にメールをしたのに、なかなか返事がこない。教員が意地悪している？　－いえいえ、そんなことはないでしょう。じゃあ、単にだらしない？　－絶対にない、とはいえませんが…。教員には、日々さまざまなところから膨大な数のメールが届きます。学生からの質問はもちろん、事務室からのメール、学会の案内など、メールを処理するだけで半日過ぎてしまう場合もありますし、日々受信するメールの処理に追いついていない場合もたくさんあります。学生の立場からすれば教員対学生という一対一の関係ですが、教員からするとたくさんのメール送信者のうちの一人なのです。もちろん、大切な学生一人一人に少しでも早く返事をする努力はしていますが、追いつかないというのが本音です。

　せっかく英語でメールを出したのに、返事が来なかったと肩を落とす前に、教員からより早く返信をもらうためのちょっとしたコツを覚えてしまいましょう。メールの件名、添付ファイル名、文章の書き方など、すぐできることばかりです。第3部に要点をまとめていますので参照してください。ともかく、教員へのメールは、簡潔にわかりやすく！が大切です。
（岩城奈巳）

Scene 25 学生間で協力して学ぶ

さまざまな授業場面

仲間とともに学ぶことができるのは教室の中だけとは限りません。声がかかるのを待つのではなく、自分からも声をかけてみましょう。

関連する場面 *Scene 13*：グループワークを行う（p.40）

基本会話例　　Read ⇒ Listen　　　　　　　　　　CD 49

学生A：Can we get together after class to discuss today's class? I got a little lost today.
　　　授業の後で今日の授業内容を話し合うために会いませんか？　今日の授業で少し混乱したところがありました。

学生B：That's a good idea. I also wasn't too clear on a couple of things.
　　　いいですね。私もよくわからないところがいくつかありました。

学生A：Great. What time is good for you?
　　　よかった。いつなら都合がいいですか？

練習しよう！　　Read ⇒ Listen & Speak　　　　CD 50

Repeat! ✓ ✓ ✓ ✓ ✓

① 先週の授業を休んだので、ノートを見せてくれませんか？
I was absent from class last week. Would you show me your notebook?

② 授業でわからなかったことがあるので、教えてくれませんか？
I have some points I did not understand during class. Would you help me with them?

③ 先生の説明が間違っていたのではないかと思います。
I am afraid that the professor gave the wrong explanation.

④ 来週までの課題はどのくらいできましたか？
How much of next week's assignment have you finished?

⑤ レポートは、どのようなテーマで書きますか？
What theme will you write your paper on?

⑥ 一緒に図書館に文献を探しに行きませんか？
Would you like to go together to the library to search for reference materials?

⑦ 試験のための勉強を一緒にしませんか？
Would you like to study together for the examination?

⑧ どのような問題が次の試験に出ると思いますか？
What kind of questions do you think will appear on the coming exam?

⑨ そのテーマで勉強会をつくりませんか？
How about setting up a study group on that theme?

⑩ いつも英語で話すようにしましょう。
Let's talk in English all the time.

Column　**キャンパスの国際化に目を向けよう**

　異文化コミュニケーションの力を身につけ、将来はグローバルに活躍したい。そんな学生たちが、留学相談によく訪れます。海外に目を向けると同時にお勧めしたいのが、キャンパスの中に潜む国際交流の機会や資源を最大限に活用して、日本にいても留学しているような環境を自分自身でつくっていくことです。今、多くの大学に Internationalization at Home という考え方が広まっています。

　例えば名古屋大学の場合、約1200人の留学生が在学しています。国際交流を目的とする学生サークルやボランティア・グループによる活動もあれば、留学生センターによるさまざまな教育交流プログラムもあります。留学生や国際寮のチューターとなれば、日常的に国際的環境の中で大学生活を送ることができます。留学生との交流に積極的な日本人学生によれば、「留学生と接しているとほかの言語や文化を学びたいというモチベーションが高まる」、「留学生のチューター活動はまるで留学しているような経験だった」とのこと。留学生の方も「大学で友人が増えました！」と笑顔で報告に来ます。

　このような機会について関心のある人は、ぜひ学内の国際交流センターや留学生センターを訪れてみてください。万一、交流の機会がなくても大丈夫。教職員や友人などと相談して、自分たちでつくってしまえばよいのです。(髙木ひとみ)

Scene 26 成績評価に納得できないときに

さまざまな授業場面

自分の成績評価の結果に納得できない場合には、答案やレポートなど、関連する資料を持って教員に直接聞いてみるのもひとつの方法です。

関連する場面 *Scene 4*：試験や成績評価について質問する（p.22）

基本会話例　Read ⇒ Listen　CD 51

学　生：Could you tell me why my paper did not get a good grade?
　　　　なぜ私のレポートの成績がよくないのか教えていただけますか？

教　員：Your paper deals with only one part of the issue.
　　　　あなたのレポートは、問題の一部にしか触れていないからです。

学　生：I see your point. Thank you.
　　　　確かにそうですね。ありがとうございます。

練習しよう！　Read ⇒ Listen & Speak　CD 52

Repeat ! ✓✓✓✓✓

① 成績評価のことで相談してもよろしいですか？
May I talk to you about the grade?

② インフルエンザで試験を休んだので、診断書を持って来ました。
I couldn't take the examination because I had the flu. I have brought a medical certificate.

③ 私は授業を何回欠席したと記録されていますか？
According to your record, how many times have I missed your class?

④ 先生が計算間違いをしているのではないかと思うのですが。
I'm afraid that you may have miscalculated.

⑤ クラスの平均点は何点でしたか？
What was the average score for the whole class?

⑥ 授業で扱っていない内容が試験に出ていたようです。
I believe we were tested on content that had not been dealt with in class.

⑦ 私のレポートの中で不十分なところはどこでしょうか？
Where do you see problems in my paper?

⑧ 不合格の理由を教えてください。
Please tell me why I failed.

⑨ 成績の見直しを検討していただけないでしょうか？
Would you consider revising my grade?

⑩ 追試を受ける機会はありますか？
Can I take a makeup exam?

Scene 27 授業の感想を伝える

さまざまな授業場面

授業に関する感想を伝えたいと思ったら、教員に直接言葉で伝えましょう。教員にとっても貴重なフィードバックの機会になります。

基本会話例　Read ⇒ Listen　CD 53

学　生：I have learned a lot from this course.
　　　　この授業では多くのことを学びました。

教　員：That's good. Do you have any suggestions to improve this course?
　　　　それはよかったです。この授業をよくするための提案はありますか？

学　生：More time for discussion would be helpful to students, I think.
　　　　もう少し議論できる時間があればと思います。

練習しよう！　Read ⇒ Listen & Speak　CD 54

Repeat !

① この授業を毎週楽しみにしています。
　I look forward to this class every week.

② 先生の授業はおもしろいと多くの学生が言っています。
　Many students say that your class is interesting.

③ この授業の雰囲気が好きです。自分の意見を言いやすいです。
　I like the atmosphere in this class. Everyone feels free to express their opinions.

④ 英語でのディスカッションに慣れました。
　I have gotten used to having discussions in English.

⑤ 初めは緊張しましたが、今ではリラックスして授業が受けられます。
　At first I felt nervous in class, but now I can participate in a more relaxed way.

⑥ 充実した授業ですが、もう少し議論できる時間があったらよかったです。
This course is great, but I wish we'd had more time for discussion.

⑦ 課題は多くて大変でしたが、確実に力がついた手ごたえがあります。
It was hard doing so many assignments, but I am confident that I have learned a lot.

⑧ この授業では多くのことを学びました。
I have learned a lot from this course.

⑨ 先生のおかげで、生物学がおもしろくなってきました。
Thanks to you, I have come to think that biology is really interesting.

⑩ この分野の勉強を深めたいと思うようになりました。
I have come to think that I want to deepen my study in this field.

Column ラテン語から始まった学問

　大学の歴史は教師と学生が知的ギルドを結成した11世紀末のヨーロッパにさかのぼります。学生を中心に組織されたボローニャ大学、教師を中心とするパリ大学を皮切りに、1500年ごろまでに80ほどの大学が成立しました。ヨーロッパ中から集まる教師と学生の公用語はラテン語。大学に入った学生はまず哲学部において、文法、修辞、弁証術、算術、幾何、天文学、音楽の7科目を学びました。ラテン語と数学をみっちり仕込まれるわけです。この7科目は自由学芸と呼ばれ、今日のリベラルアーツのルーツでもあります。

　大学が国の制度として運営されるようになったのはずっと後のことです。それとともに、各大学で使われる言語も各国の言語に置き換わっていったようです。とはいえ、ラテン語は今も学問の世界に色濃く残っています。例えば、引用した文献の著者が3名以上にわたるときに使う *et al.* や、数学で証明の最後に付す *q.e.d.* などはみなさんもご存知でしょう（巻末の用語集にもいくつか掲載しています）。

　時を経て、英語が大学の共通語になりつつある一方、学問の深さと広さを追求するという大学の使命は今なお変わることなく受け継がれています。（齋藤芳子）

第3部

英語による授業において役立つ情報

@ メールの書き方と英語表現

　英語で教員にメールを送ることは、慣れていない人にとって緊張することかもしれません。配信されたメールの内容を後から変更することはできないので、よく読み返してから送信しましょう。ここでは、メール作成のポイント、メールで使用する英語表現、チェックリストを紹介します。

メール作成のポイント

① メールが適切な方法であるか確認する

　あなたが教員に何かを伝えたい場合、メールで連絡することが最も適切な方法かを考えてみましょう。急ぎでなければ次の授業のときに直接伝えることもできますし、電話を使った方がよい場合もあります。メールでは声のトーンや顔の表情などが伝わらないため、複雑な内容を伝えるには、よほどの注意が必要です。

② 誰からのメールなのかがわかるようにする

　教員は、毎日のように多くの学生から多数のメールを受け取っていることを理解しておきましょう。担当している授業もひとつではないため、誰からのメールなのかを明確にする必要があります。メールの件名、添付ファイルの名称、本文中の簡単な自己紹介などに注意してメールを送ることが重要です。

③ 文章は直接的に簡潔に書く

　日本語のメールと同じように「いつもお世話になっております」や「お忙しいところすみません」などの文章を入れたいと思うかもしれませんが、残念ながら英語では不自然な文章になってしまいます。英語のメールの場合、必要以上に丁寧語を使用する必要はなく、直接的に簡潔に書くことを心がけましょう。また、分量についても、画面をスクロールしなくても読めるように短くまとめましょう。

メールで使用する英語表現

　以下は、教員の研究室を訪れるアポイントをとるメールです。メールのパーツごとに注意すべきことを確認しましょう。

アポイントをとるメールの例

To: Jsmith@nagoya-univ.ac.jp
Subject: Office hour appointment

（1）件名: 用件がわかりやすいように書きましょう。Hello と書いたり空白にして送信するとスパムメールと間違えられるかもしれません。

Dear Professor Smith,

（2）書き出し: 講師や准教授などの教員に対しても、同じ Professor という表現で問題ありません。ティーチングアシスタントに対しては、名前の前に Mr. もしくは Ms. をつけましょう。

My name is Nami Iwaki (ID#758758) from the School of Letters. I am taking your "Introduction to Anthropology" on Monday, first period. Today, I'm writing to ask for an appointment during your office hours.

（3）自己紹介と目的: 一目で誰からのメールかがわかるように、名前、所属学部・学科、授業名、学生番号などを書きましょう。そして、メールの目的を簡単に記します。

I have several questions about the lecture yesterday. I could not follow the cultural relativism we discussed. Is it possible for me to visit you during your office hours on Dec. 4, from 2 p.m.? I am also free from 5 p.m. on the same day.

（4）本文: メールの用件を書き、教員にどのような対応をしてほしいのか明確に書きましょう。例えば「どの時間が空いていますか」という質問を送ると、メールのやりとりを繰り返すことになり、双方の手を煩わせます。具体的な提示が有効です。また日程を書くときは、明日や来週のように読み手に誤解を与える表現ではなく、○月○日と書きましょう。

Sincerely,

（5）結辞: メールを締めくくる際、Sincerely, や Kind regards, や Respectfully, などを使用します。Sincerely, が最も広範囲に使用できるため無難と言われています。

Nami Iwaki

① 今日の授業の内容に関していくつか質問があります。
   I have several questions about your class today.

② 先生のオフィスアワーの時間にほかの授業が入っています。
   I am in another class during your office-hours period.

③ 金曜日午後4時に研究室を訪ねてもよろしいでしょうか？
   Is it possible for me to visit you on Friday from 4 p.m.?

④ 病院に行かなくてはならないので、来週の授業を欠席させていただきます。
   I will not be able to attend the class next week because I need to go to the hospital.

⑤ オフィスアワーの時間に、授業で配布した資料をいただきに行ってよろしいでしょうか？
   May I visit you during your office hours and pick up the materials you distributed in class?

⑥ 高熱が出たので前の月曜の先生の「応用言語学入門」の授業を欠席しました。
   I missed your "Introduction to Applied Linguistics" last Monday because I had a high fever.

⑦ 明日が締切のレポートに全力を尽くしました。
   I tried my best to finish the paper which is due tomorrow.

⑧ この2週間病気だったため、十分な調査ができずレポートを書き終えることができません。
   I was sick for the past two weeks and I could not do enough research to finish the paper.

⑨ 今週末まで締切を延長していただけないでしょうか？
   Is it possible for me to turn it in by the end of this week?

⑩ ご理解よろしくお願いします。
   I really appreciate your understanding.

⑪ 今書いているレポートを見ていただき、アドバイスをいただけますか？
I am hoping you could take a look at the paper which I am working on now and give me some advice.

⑫ いただいたレポートの評価について質問があります。
I have a question about the grade I received on my paper.

⑬ （お願いをした後に）よろしくお願いします。
Thank you in advance.

⑭ 早々にお返事いただきありがとうございます。
Thank you very much for your quick response.

⑮ 先ほど送ったメールは誤りです。捨ててください。
The previous message was sent by mistake. Please disregard it.

📝 メール作成のチェックリスト   *Check !* ☐

- ☐ そもそもメールで連絡するのが最も適切な方法か
- ☐ 教員は多くの学生からメールを受け取るということを理解して書いているか
- ☐ メールに関する授業内のルールに沿っているか（ルールがある場合）
- ☐ 件名は、内容を表す的確な内容になっているか
- ☐ Dear Professor Kato, など適切な書き出しで始まっているか
- ☐ 氏名、所属学部、学生番号、授業名などによって送り手を明確にしているか
- ☐ メールを送る目的が明確になっているか
- ☐ 内容が簡潔に書かれているか
- ☐ tomorrow や next week など、読み手に誤解を与える可能性のある言葉が入っていないか
- ☐ 1行72文字以内で、25行以内に書かれているか
- ☐ 段落と段落の間にスペースを入れているか
- ☐ Sincerely, のような結辞を適切に挿入したか
- ☐ 自分の連絡先が適切に書かれているか
- ☐ スペルチェックを行ったか
- ☐ 書き終わってから、もう一度全体を見直したか
- ☐ 添付ファイルを送ることが許可されているか
- ☐ 添付ファイルのファイルサイズは適切か

論文の書き方と英語表現

大学では、短いレポートから分量の多い学期末論文などさまざまな文章を書く機会があります。ここでは、大学で求められる論文の書き方のポイント、論文で使用する英語表現、チェックリストを簡潔に紹介します。

論文作成のポイント

① アカデミックライティングを理解する

大学で求められる論文には型やルールがあります。論文には、問いがあり、その問いの答えにあたる主張があり、その主張を支える論拠があります。あなたの問い、主張、論拠の3点を明確にすることが重要になります。また、参考文献、注の書き方などの体裁についてもルールがあります。あなたの書こうとしている学問分野で求められる論文の型とルールを確認しましょう。

② 導入、本体、結論で構成する

論文は、導入部分、本体部分、結論部分の3部に分けて構成します。導入部分で提示した問いと結論部分の主張とがきちんと対応しており、本体部分でその主張の論拠が整理されているという形になるように作成しましょう。

③ トピックセンテンスで段落の構造をつくる

英語での文章では、段落ごとにその最初にトピックセンテンスを入れることが一般的です。トピックセンテンスとは、その段落の中に書かれている考え方や主張を一文で表したものです。それぞれの段落をトピックセンテンスで始めて、それ以降はトピックセンテンスを支持する文を続けるという方法で段落の構造をつくりましょう。

④ 文章は直接的に簡潔に書く

ネイティブスピーカーではない場合、読み手に誤解を与えない論文を書くことが第一に求められます。そのためには、難しい表現、回りくどい表現、一文が長い文章、複雑な文章構造などは避けた方がよいでしょう。流暢であるよりも明瞭で読みやすいことを意識して書きましょう。

論文で使用する英語表現

① この研究の目的は、テレビが子どもに与える影響を検討することである。
The purpose of the study is to examine the effect of television on children.

② リーダーシップに関するいくつかの研究がなされてきた。
Several studies have been made on leadership.

③ この地域の問題についてはほとんど注意が向けられていなかった。
Little attention has been given to the problem of this region.

④ その問題に初めて注目した学者は山中 (2008) である。
The first scholar to pay attention to the problem was Yamanaka (2008).

⑤ 最も重要な問題は、物価の上昇をどのように避けるかである。
The critical question is how to prevent price increases.

⑥ CP 対称性の破れを与えるいくつかの模型についても議論する。
Some possible models of CP violation are also discussed.

⑦ 国勢調査によると、既婚の女性は職場の近くに住む傾向がある。
According to the census data, married women tend to live near the workplace.

⑧ この調査の回答者は名古屋市の大学生 100 名である。
The respondents in this survey were 100 college students in the city of Nagoya.

⑨ 統計の分析には SPSS を使用した。
We used SPSS for the data analysis.

⑩ その説が正しいことを示す十分な証拠がある。
There is enough evidence to show that this statement is true.

⑪ 実験の結果は図3の通りである。
The results of the experiment are shown in Figure 3.

⑫ この研究の主な成果は次の通りである。
The following are the main findings from this study.

⑬ 上記の理由により、仮説は検証されたと結論できるだろう。
For the reasons mentioned above, it can be concluded that the hypothesis is supported.

⑭ この結果にはさまざまな解釈の余地がある。
This result leaves room for various interpretations.

⑮ さらなる実験によって、その仮説の検証が明らかになるだろう。
Further experiments would clarify the validity of the hypothesis.

論文作成のチェックリスト　　　　　　　　　　　　　　　　　　Check！ ☑

【守るべき常識】
- ☐ テーマ、枚数、体裁などが、指定されたものになっているか
- ☐ 他人の論文や本の丸写しなど、剽窃とみなされるような内容になっていないか

【導入部分】
- ☐ 論文の目的、扱う主題がきちんと述べられているか
- ☐ テーマの重要性が説得力をもって説明されているか
- ☐ 本文の構成が簡潔に書かれているか

【本体部分】
- ☐ 導入で立てられた主題が扱われているか
- ☐ 読者に議論の流れがわかりやすいように配置されているか
- ☐ 予備知識のない読者にもわかりやすいように丁寧に解説されているか
- ☐ 論拠は十分に集められているか
- ☐ 論拠としたデータの信頼性は吟味されているか
- ☐ 論拠からきちんと結論が帰結するか
- ☐ 互いに矛盾することが述べられていないか

【結論部分】
- ☐ 結論は導入部分の問いにきちんと対応した形で書かれているか
- ☐ 何が明らかになり、何がまだ明らかになっていないかが、きちんと書かれているか

【形式】
- ☐ タイトルが的確に論文の内容を表しているか
- ☐ 段落が適切に分けられているか
- ☐ トピックセンテンスが適切な場所に位置しているか
- ☐ トピックセンテンスが段落の内容を適切に表しているか
- ☐ 40語以上の長い文が含まれていないか
- ☐ 主語と述語の対応はとれているか
- ☐ 接続詞を多用していないか
- ☐ 受動態の文章が多すぎないか
- ☐ 全角の英数字を使用していないか
- ☐ スペルチェックをしたか
- ☐ 注の書き方は適切か
- ☐ 引用の方法は適切か
- ☐ 参考文献の表記方法や並べ方は求められた形になっているか

プレゼンテーションの方法

英語でのプレゼンテーションを成功させるためには、事前にしっかりと準備することが重要です。ここでは、プレゼンテーションのポイントとチェックリストを紹介します。プレゼンテーションに使用する英語表現については、第2部の場面「15. 発表を始める」、「16. 話の流れをつくる」、「17. 資料を配布する」、「18. 発表を締めくくる」、「20. 質問やコメントに返答する」が参考になるでしょう。

プレゼンテーションのポイント

① 導入、本体、結論で構成する

プレゼンテーションの構成も論文の構成と基本的には同じです。導入部分、本体部分、結論部分の3部から構成しましょう。そして、導入部分で提示した問いが、結論部分できちんと対応する形でまとめましょう。

② 聞き手を発表に引き込む

プレゼンテーションでは聞き手を発表に引き込むことが求められます。そのためには、内容をひとつの物語のように話したり、スライドや配布資料を工夫したり、笑顔、アイコンタクト、ボディランゲージなどの非言語コミュニケーションを活用したりしてみましょう。

③ 質疑応答に適切に対応する

発表に対する質疑応答はどのような質問が飛び出すかわからないため、気がかりな時間かもしれません。想定される質問とその回答のリストを用意しておくことも重要ですが、わからないことが質問されたときに対応できるフレーズをいくつか用意しておくと安心してのぞめるでしょう。

プレゼンテーションのチェックリスト　　Check!　☐

【事前準備】
- ☐ 会場やプロジェクターなどの設置状況について把握しているか
- ☐ 聞き手がどのような知識や関心をもっているかを把握しているか
- ☐ 適切な配布資料を人数分準備したか
- ☐ スライドの文字の大きさは読みやすいか
- ☐ 図表や写真など視覚的にインパクトのあるスライドが含まれているか
- ☐ すべての人にとって見やすい色を使用しているか
- ☐ スムーズに英語で話せるように練習を行ったか
- ☐ 想定される質問の回答を用意したか

【導入部分】
- ☐ 配布資料が届いているか確認したか
- ☐ 聞き手の注意を喚起できるような内容で始まっているか
- ☐ プレゼンテーションの目的を明確に示しているか
- ☐ 扱うテーマの重要性が説得力をもって説明されているか
- ☐ 発表の構成を明確に示しているか

【本体部分】
- ☐ 本体部分に入ることを示したか
- ☐ 議論の流れがわかりやすい構成になっているか
- ☐ 重要な言葉や概念を明確に定義しているか
- ☐ 論点が整理されているか
- ☐ 場面転換のときに、それがわかるように説明しているか
- ☐ 互いに矛盾することが含まれていないか

【結論部分】
- ☐ 結論部分に入ることを示したか
- ☐ 簡潔な言葉で結論をまとめたか
- ☐ ひとつのまとまった話が終わったという印象を与えているか
- ☐ 印象に残る言葉で終えたか
- ☐ Thank you very much. などの感謝の意を表したか
- ☐ 決められた時間通りに終えたか

【話し方】
- ☐ 聴衆に目線を合わせて話しかけているか
- ☐ 声の大きさは適切か
- ☐ 話す速度は聞き取りやすいか
- ☐ 原稿の棒読みになっていないか
- ☐ 重要な点を強調して伝えているか
- ☐ 書き言葉でなく、we や you などを使った話し言葉になっているか
- ☐ surprisingly や interestingly などの感情を含む言葉を活用しているか
- ☐ 動きやジェスチャーなどを効果的に使っているか

【質疑応答への対応】
- ☐ 質問を寄せてくれたこと自体に、感謝の意を伝えたか
- ☐ 質問内容が理解できないときに、その旨を伝えたか
- ☐ 質問の内容を簡単に繰り返してから回答したか
- ☐ 質問にそって誠実に簡潔に回答したか
- ☐ 自分の回答で質問者が納得したことを確認したか

第3部　英語による授業において役立つ情報

教育関係用語集

　英語による授業を受講する上で必要な英単語を用語集としてまとめました。以下では、①大学の人々、②施設や設備、③制度やカリキュラム、④学習に関する用語、⑤用具や備品、⑥学生生活、⑦留学手続き、⑧間違えやすいカタカナ英語、⑨記号や数式、⑩学問の世界に残るラテン語に分類してまとめています。ただし、あなたの所属する大学において対応する英語の定訳が、本用語集で提示する単語と異なる場合もありますので、確認してお使いください。

１．大学の人々　CD 57

学部生	undergraduate student
１年生	first-year student / freshman
２年生	second-year student / sophomore
３年生	third-year student / junior
４年生	fourth-year student / senior
大学院生	graduate student
大学院博士課程学生	doctoral student / Ph.D candidate
社会人学生	adult student
編入生	transfer student
外国人留学生	international student
交換留学生	exchange student
聴講生	auditor
卒業生	alumni / alumnus
入学希望者	prospective student
博士研究員	post-doctoral fellow
研究生	research student
研究員	research fellow
学長	chancellor / president
研究科長・学部長	dean
センター長・室長	director
教員	faculty member
授業担当者	course instructor
教授	professor
准教授	associate professor
講師	lecturer
助教	assistant professor
助手	research associate
非常勤講師	part-time lecturer
指導教員	supervisor / academic advisor
留学生アドバイザー	international student adviser
大学職員	administrative staff
教務課	academic affairs
学生課	student affairs
大学内警備員	campus security

２．施設や設備 (CD 58)

教室	classroom
講義室	lecture room
大講義室	lecture hall
講堂	auditorium
ゼミ室	seminar room
実験室	laboratory
講師控室	instructors' lounge
学生用のラウンジ	student lounge
研究室	office
正門	main gate
図書館	library
博物館	museum
食堂	cafeteria
大学生協	university co-op
国際センター	international center
保健センター	student health service
語学センター	language center
体育館	gym
プール	swimming pool
学生寮	dormitory
喫煙所	smoking area
トイレ	restroom
駐輪場	bicycle parking
掲示板	bulletin board
階段	stairs
廊下	hallway

３．制度やカリキュラム (CD 59)

専攻	major
副専攻	minor
学部	school / faculty / college
学科	department
所属	affiliation
単位	credit
単位を取る	get a credit
必修科目	required course
選択科目	elective course
教職課程	teacher-training course
教員免許	teacher's license
単位互換	credit transfer
講義要綱	course catalog
オリエンテーション	orientation
受講仮登録	preregistration
受講登録	class registration
登録用紙	registration form
受講取消	discontinuation
授業を追加登録する	add a class
授業を取り消す	drop a class
授業の取り消し	withdrawal
時間割	timetable
一時間目	the first period
休み時間	break
講義	lecture
実験	experiment
演習	seminar / exercise
集中講義	intensive course
公開講座	extension course
補習コース	remedial course
休講	class cancellation
補講	supplementary class
公欠	excused absence

試験期間	final exam period
成績	grade / mark
授業料	tuition fee
授業料免除	tuition waiver
奨学金	scholarship
編入	transfer
中途退学	withdrawal
休学	temporary leave
留学	study abroad
飛び級	skipping a grade / acceleration
成績優秀者リスト	honors list
不合格	failure
留年する	repeat a year
学士号	bachelor's degree
修士号	master's degree
博士号	Ph.D. / doctoral degree
卒業論文	graduation thesis
学位論文	dissertation
入学試験	entrance examination
推薦入試	admission by recommendation
入学式	entrance ceremony
卒業式	graduation ceremony / commencement
学期	term / semester
二学期制	semester system
三学期制	trimester system
四学期制	quarter system
前期	first semester / spring semester
後期	second semester / fall semester
学生証	student ID

4．学習に関する用語　CD 60

シラバス	syllabus
履修要件	prerequisite
オフィスアワー	office hours
教科書	textbook
コースパケット（講義資料集）	course packet
参考書	reference book
問題集	workbook
教材	teaching materials
視聴覚教材	audio-visual aids
プリント	handout
印刷ミス	misprint
出席	attendance
出席簿	attendance book
出席カード	attendance card
出席をとる	call the roll / check attendance
授業への参加	class participation
授業をさぼる	skip a class
挙手	raise one's hand
拍手	applause
私語	talk in class
発表者	presenter
口頭発表	oral presentation
事例研究	case study
司会進行役	facilitator
討論	discussion
予習	preparation
復習	review

自主学習	independent study
協同学習	cooperative learning
体験学習	experiential learning
小テスト	quiz
レポート	paper
引用	citation
課題	assignment
期末レポート	final paper
提出期限	due date
試験	exam
筆記試験	written exam
口頭試験	oral exam
中間試験	midterm exam
持ち帰りテスト	take-home exam
期末試験	final exam
卒業試験	graduation exam
追試験	makeup exam
クラス分け試験	placement test
教科書持ち込み可の試験	open-book exam
教科書持ち込み不可の試験	closed-book exam
ノート持ち込み可の試験	note-allowed exam
論述テスト	essay test
多肢選択問題	multiple-choice questions
穴埋めする	fill in the blanks
要約する	summarize
推敲する	refine
問題用紙	question sheet
解答用紙	answer sheet
試験監督者	proctor
不正行為	academic misconduct
カンニング	cheating
カンニングペーパー	crib sheet / cheat sheet
剽窃	plagiarism
成績	grade / mark
授業評価	course evaluation

5．用具や備品　CD 61

ノート	notebook
ルーズリーフ	loose-leaf notebook
下敷き	celluloid sheet
バインダー	file
消しゴム	eraser
鉛筆削り	pencil sharpener
万年筆	fountain pen
シャープペン	mechanical pencil
蛍光ペン	highlighter
マジック	marker
修正液	white-out
ノートパソコン	laptop computer
電子辞書	electronic dictionary
そろばん	abacus
電卓	calculator
関数電卓	scientific calculator
コンパス	compasses
定規	ruler
三角定規	triangle
自在定規	adjustable curve ruler
分度器	protractor
ガムテープ	packing tape
両面テープ	double-sided tape

糊	glue
はさみ	scissors
カッター	utility knife
ホチキス	stapler
ホチキスの針	staples
画びょう	thumbtack
クリップ	paper clip
輪ゴム	rubber band
実験用白衣	lab coat
実験ノート	lab notebook
防護眼鏡	safety glasses
ピンセット	forceps / tweezers
教壇	platform
教卓	head desk / podium
マイク	microphone
黒板	blackboard
黒板消し	blackboard eraser
黒板消しクリーナー	eraser cleaner
ホワイトボード	whiteboard
ホワイトボードマーカー	whiteboard marker
OHP	overhead projector
OHPシート	transparency
ビデオデッキ	VCR (video cassette recorder)
リモコン	remote controller / remote
指示棒	pointer
卓上ベル	desk bell
冷暖房	AC (air conditioner)
ゴミ箱	trash can

6．学生生活 CD 62

歓迎会	welcome party
送別会	farewell party
部活動	club activity
ボランティア	volunteers
勉強会	study group
健康診断	health checkup / physical
学園祭	university festival
学生規則	student code
ハラスメント	harassment
学割	student discount
大学生協	university co-op
自動販売機	vending machine
アルバイト	part-time job
家庭教師	private tutor
就職活動	job hunting
インターン研修	internship
履歴書	resume / curriculum vitae (CV)
名刺	business card
学校推薦	school recommendation
就職面接	job interview
面接官	interviewer

7．留学手続き CD 63

入学願書	application form
入学許可書	acceptance letter
証明書	certificate
推薦書	recommendation letter
志望理由書	admission essay

成績証明書	transcript		
修了証書	diploma		**8．間違えやすいカタカナ英語**
財政能力証明書	financial statement	アルバイト	part-time job
健康診断書	certificate of health	アンケート	questionnaire
学生ローン	student loan	エチケット	good manners
奨学金	scholarship	カンニング	cheating
キャンセル待ちリスト	waiting list	クレームを言う	complain
		コンクール	competition
大学総合案内書	prospectus	コンセント	plug
全寮制学校	boarding school	コンセント差込口	outlet
入試課	admissions office		
条件付き入学	conditional offer	ピンセット	forceps / tweezers
仮及第	academic probation	ガムテープ	packaging tape
学生規則	student code	サインペン	felt pen
公開講座	extension course	シール	sticker
夏期講習	summer session	ジャージ	sportswear / sweat pants
頭金	advance deposit	トレーナー	sweatshirt
出願金	application fee	シャープペン	mechanical pencil
入学金	entrance fee / matriculation fee	ノートパソコン	laptop computer
		パンフレット	leaflet
学資援助	financial aid	ビデオデッキ	VCR (video cassette recorder)
給費	grant		
給付金	stipend	フリートーク	free conversation
現地時間	local time	ペーパーテスト	written exam
領事館	consular office	メールマガジン	e-mail newsletter
大使館	embassy	レベルアップ	improve
入国審査	immigration examination		
税関申告	customs declaration		
予防接種	vaccination		
市民権	citizenship		
出生国	country of birth		

9. 記号や数式　　CD 65

:	colon
;	semicolon
!	exclamation mark
"	double quotation mark
#	number sign
&	ampersand
-	hyphen
_	underscore
*	asterisk
○	circle
●	solid circle / bullet point
◎	double circle
△	triangle
◇	diamond
□	square
✓	check mark
( )	parentheses
{ }	braces

[ ]	brackets
$2 + 3 = 5$	two plus three equals five
$7 - 4$	seven minus four
4×5	four times five / four multiplied by five
$6 \div 2$	six divided by two
1/2	one-half
1/3	one-third
3/4	three-fourths / three-quarters
12/17	twelve over seventeen
x^2	x squared
x^3	x cubed
x^4	x to the fourth power
x'	x prime
x''	x double prime
x_n	x subscript n
$\sqrt{3}$	the square root of three
$\sqrt[3]{5}$	the cube root of five

10. 学問の世界に残るラテン語

語	発音	意味
ab initio	[æb-ɪníʃiòʊ]	最初から
ad hoc	[æd-hák]	特定の問題（目的）のみについての
alumni	[əlʌ́mnai]	卒業生、同窓生
a posteriori	[á:-pɑstiərió:ri]	経験（観察）に基づいた、帰納的な
a priori	[à:-prió:ri]	演繹的な、先験的な
ca. / c. (circa)	[sə́:rkə]	およそ
cf. (confer)	[kənfə́:r]	〜と比較せよ、〜を参照せよ
de facto	[d:-fǽktou]	事実上の
de jure	[di-dʒúəri]	正当な、法律上の
e.g. (exempli gratia)	[egzémpli:-grátià:]	例えば

et al. (et alibi / et alii)	[et-ǽləbài]	およびその他の者／箇所
etc. (et cetera)	[et-sétərə]	その他、〜など
ibid./ ib. (ibidem)	[íbɪd]	同じ箇所に、同書（章、節）に
id. (idem)	[áidem]	同上、同書物の
i.e. (id est)	[ɪd-ést]	すなわち、換言すれば
in re	[ɪn-réɪ]	＜法律などで＞〜に関して、〜の件で
in rem	[ɪn-rém]	＜法律などで＞物に対して、対物の
in personam	[ìn-pərsóunæ̀m]	＜法律などで＞人に対して、対人の
in situ	[ɪn-sáɪt(j)u:]	もとの場所に、本来の場所で
in vitro	[ɪn-ví:troʊ]	試験官内で、生体外で
in vivo	[ɪn-ví:voʊ]	生体内で
modus operandi	[móudəs-àpərǽndi:]	仕事のやり方、運用法
modus vivendi	[móudəs-vɪvéndi:]	生活様式
op.cit. (opere citato)	[ɔ́:perè-kitá:tou]	前掲（引用）書中に
per capita	[pər-kǽpətə]	一人当たり
per diem	[pər-díːəm]	一日につき、日割りの
per se	[pər-séɪ]	それ自体で、本質的に
pro bono	[proʊ-bóunoʊ]	公共の利益のための、無料(奉仕)の
pro forma	[proʊ-fɔ́:rmə]	形式上の、仮の
pro rata	[pròʊ-réɪtə]	比例した、案分に
pro tem (pro tempore)	[proʊ-témpəri]	一時的に、臨時に
q.e.d. (quod erat demonstrandum) [kwád-éræt-dèmənstǽndəm]		証明終わり
quid pro quo	[kwíd-proʊ-kwóu]	代償（物）、しっぺ返し
q.v. (quod vide)	[kwád-váɪdi]	〜を見よ、〜参照
sic	[sík]	原文のまま
status quo	[stéitəs-kwóu]	現状
vs. (versus)	[vɔ́:rsəs]	〜対〜、〜に対する
v.v. (vice versa)	[váɪsɪ-vɔ́:rsə]	逆に、反対に、逆もまた同じ

参考文献

池田輝政，戸田山和久，近田政博，中井俊樹『成長するティップス先生－授業デザインのための秘訣集』玉川大学出版部，2001年．

小田麻里子・味園真紀『英語論文－すぐに使える表現集』ベレ出版，1999年．

鵜沼仁『数・式・記号の英語』丸善，2003年．

梅田修，冨岡徳太郎，竹田明彦，カレン・ウィルソン『学習者中心の教室英語』大修館書店，1989年．

川手ミヤジェイェフスカ恩『海外の大学・大学院で授業を受ける技術』アルク，2003年．

小林敏彦『外国人の先生と話そう』大修館書店，1995年．

白野伊津夫『アメリカ大学キャンパス・ワード』北星堂書店，1995年．

曽根田憲三，ブルース・パーキンス『教室で使う英語表現集』ベレ出版，2002年．

染矢正一『教室英語表現事典』大修館書店，1993年．

高梨庸雄，高橋正夫，カール・アダムズ，久埜百合『教室英語活用事典 改訂版』研究社，2004年．

妻鳥千鶴子『英語プレゼンテーション』ベレ出版，2004年．

中井俊樹編『大学教員のための教室英語表現300』アルク，2008年．

名古屋大学総務部国際交流課『名古屋大学事務職員のための英文ハンドブック』名古屋大学，1998年．

名古屋大学留学生相談室，名古屋大学留学生センター，名古屋大学研究協力国際部国際課『留学生ハンドブック』名古屋大学，2007年．

日本機械学会編『科学英語の書き方とプレゼンテーション』コロナ社，2004年．

東原和成『医学・生物学研究者のための絶対話せる英会話－研究室内の日常会話から国際学会発表まで』羊土社，1999年．

藤本滋之『やさしく書ける英語論文』松柏社，2002年．

細井忠俊・バーウィック妙子『留学＆ホームステイのための英会話』アルク，2006年．

Hugh, G., A Handbook of Classroom English, Oxford University Press, 1981.

Meyers, C. and Holt, S. Success with Presentations: A Course for Non-native Speakers of English, Aspen Productions, 2002.

編者

中井俊樹　　（名古屋大学高等教育研究センター）

執筆者

岩城奈巳　　（名古屋大学留学生センター）
齋藤芳子　　（名古屋大学高等教育研究センター）
髙木ひとみ　（名古屋大学留学生センター）
中井俊樹　　（名古屋大学高等教育研究センター）
夏目達也　　（名古屋大学高等教育研究センター）
堀江未来　　（立命館大学国際教育推進機構）
安田淳一郎　（岐阜大学教養教育推進センター）
渡辺義和　　（南山大学総合政策学部）

（執筆者の所属は2013年2月現在）

コラム提供

荒木雄人　　（南山大学総合政策学部2年）
中山佳洋　　（名古屋大学工学部4年）
平野詩紀子　（名古屋大学文学部4年）
山口大輔　　（南山大学総合政策学部3年）
吉村優生　　（南山大学総合政策学部3年）

（コラム提供者の所属は2009年3月現在）

大学在学中に
社会に出て役立つ英語を身につけよう

英語は、目的、場面によって変わる！
アルクのESPシリーズ

ESP(=English for Specific Purposes）とは、専門分野のための英語のこと。

自分の専門分野で国際的に活躍できる人材になるためには、受験の英語や一般の英会話とはまったく違う、その分野に特化した英語力を身に付ける必要があります。

アルクのESPは、そんな英語を学ぶ皆さんを応援するために生まれた英語教材シリーズです。

- Master 大学院修士課程
- Advanced 学部3、4年生
- Basic 学部1、2年生

理系英語シリーズ

Basic

- 理系たまごの英語40日間トレーニングキット ver.2　CD 2枚付　6,825円
- はじめての理系英語リーディング　CD 1枚付　3,675円
- 理系たまごの英単語＆表現40日間トレーニング りけ単　CD 1枚付　2,205円
- キクタンサイエンス 生命科学編　CD 1枚付　2,310円
- キクタンサイエンス 工学編　CD 1枚付　2,310円
- キクタンサイエンス 情報科学編　CD 1枚付　2,310円
- キクタンサイエンス 地球とエネルギー編　CD 1枚付　2,310円

Advanced

- 理系英語のライティング　CD-ROM 1枚付　3,990円
- 理系英語のプレゼンテーション　CD-Extra 1枚付　3,990円
- ノーベル賞クラスの論文で学ぶ 理系英語 最強リーディング術　CD 1枚付　3,675円

Master

- 科学技術英語 徹底トレーニング [環境工学]　CD 1枚付　3,990円
- 科学技術英語 徹底トレーニング [資源・材料・エネルギー工学]　CD 1枚付　3,990円
- 科学技術英語 徹底トレーニング [ロボット工学]　CD 1枚付　3,990円
- 科学技術英語 徹底トレーニング [バイオテクノロジー]　CD 1枚付　3,990円
- 科学技術英語 徹底トレーニング [ライフサイエンス]　CD 1枚付　3,990円

お求めは、書店、大学生協まで
アルク・オンラインショップもご利用ください。　http://shop.alc.co.jp/

医学英語シリーズ

Basic

医者たまごの英語40日間トレーニングキット　CD 3枚付　12,000円

看護師たまごの英語40日間トレーニングキット KIT 1　ワークブック基礎編 [Day 1～Day 20]　CD 1枚付　2,100円

看護師たまごの英語40日間トレーニングキット KIT 2 ワークブック実践編 [Day 21～Day 40]　CD 1枚付　2,940円

キクタンメディカル 1. 人体の構造編　CD 1枚付　2,940円

キクタンメディカル 2. 症候と疾患編　CD 1枚付　2,940円

キクタンメディカル 3. 診療と臨床検査編　CD 1枚付　2,940円

キクタンメディカル 4. 保健医療編　CD 1枚付　2,940円

キクタンメディカル 5. 看護とケア編　CD 1枚付　2,940円

キクタンメディカル 6. 薬剤編　CD 1枚付　2,940円

Advanced

トップジャーナルの症例集で学ぶ医学英語　CD 1枚付　9,800円

実務文書で学ぶ薬学英語　CD 1枚付　4,500円

経済英語シリーズ

Basic

経済英語 はじめて学ぶ40日間トレーニングキット　CD 2枚付　5,775円

Advanced

英語で分かる はじめての財務諸表40日間トレーニング　CD 2枚付　2,800円

英語で分かる 景気指標の読み方・覚え方40日間トレーニング　CD 2枚付　2,800円

☎0120-120-800 (24時間受付・携帯電話、PHSからもご利用いただけます)

英語で授業シリーズ②　大学生のための教室英語表現300

2009年4月5日　（初版）
2015年7月24日　（第3刷）

著　者：中井俊樹（代表）
編集：文教編集部
英文校正：Michael Kleindl、Owen Schaefer、Peter Branscombe
装丁・本文デザイン・DTP・編集：（有）ギルド
ナレーション：Iain Gibb、Helen Morrison
録音・音声編集：一般財団法人　英語教育協議会（ELEC）
CDプレス：（株）ソニー・ミュージックコミュニケーションズ
印刷・製本：（株）平河工業社
発行者：平本照麿
発行所：株式会社アルク
　　　〒168-8611　東京都杉並区永福2-54-12
　　　TEL：03-3327-1101　FAX：03-3327-1300
　　　Email：csss@alc.co.jp　Website：http://www.alc.co.jp/

落丁本、乱丁本は弊社にてお取り替えいたしております。アルクお客様センター（電話：03-3327-1101 受付時間：平日9時～17時）までご相談ください。本書の全部または一部の無断転載を禁じます。著作権法上で認められた場合を除いて、本書からのコピーを禁じます。
定価は、カバーに表示しています。

© 2009 Toshiki Nakai/ALC PRESS INC.
Printed in Japan.
PC：7009055
ISBN：978-4-7574-1570-6

地球人ネットワークを創る

アルクのシンボル
「地球人マーク」です。